RESGATE NO ASTRAL INFERIOR

Letra Espírita

1ª Edição – Maio/2024

A editora Letra Espírita mantém o Grupo Espírita Yvonne do Amaral Pereira em Campos dos Goytacazes/RJ.

Capa e Diagramação & Ilustrações: Maryana Ahlert

Revisão: Mirian Dias

Coordenação Editorial: Murilo Viana

Imagens da Capa & Ilustrações: Freepik.com | Freepik Pikaso | Nucleartist | Layerace | Pikisuperstar | Freepik | Kotkoa / AdobeStock.com | nyothep | Dorothy Art | Guillem de Balanzó / Unsplash.com | Alexander Jawfox / Pexels.com | jan van der wolf | Eduardo Gorghetto /

Títulos: Essonnes; Hadijah Free Trial
Texto: Book Antiqua

Impresso no Brasil

Contato e pedidos:

vendas@letraespirita.com.br
(22) 2738-0184

Dados Internacionais de Catalogação na Publicação (CIP)
(Câmara Brasileira do Livro, SP, Brasil)

Nancy (Espírito)
Resgate no astral inferior / [ditado pelo Espírito] Nancy ; [psicografado por Murilo Viana]. -- Campos dos Goytacazes, RJ : Letra Espírita, 2024.

ISBN 978-65-88535-78-3

1. Literatura espírita 2. Psicografia I. Viana, Murilo. II. Título.

24-198110 CDD-133.93

Índices para catálogo sistemático:

1. Psicografia : Espiritismo 133.93

Aline Graziele Benitez - Bibliotecária - CRB-1/3129

Murilo Viana *pelo Espírito* Nancy

Resgate no Astral Inferior

Campos dos Goytacazes - RJ | 2024

Sumário

INTRODUÇÃO

Yo soy Madame Nancy – la espanõla! É com alegria que retorno a vocês, meus queridos amigos, para lhes trazer mais uma história, baseada em fatos reais. Obviamente alterei algumas das circunstâncias e fatos, a fim de não revelar a identidade dos personagens, e apresentei os ambientes da narrativa de forma simples e genérica, no intuito de mantê-los ocultos, assim como fiz em meu primeiro trabalho de escrita junto a este instrumento que lhes transmite meus escritos. Concentrei-me também em buscar trazer a vocês tão somente o mais essencial da narrativa, sem me prender a pormenores que não seriam úteis ao seu desenvolvimento e que diferença alguma fariam ao aprendizado. São muitos personagens, muitas histórias entrelaçadas. Optei por narrar apenas o mais relevante dentro do meu entendimento e do meu ponto de vista.

Aos que já acompanham a minha trajetória e leram meu primeiro livro, sabem que não fui religiosa em minha vida adulta, mas sempre respeitei todas as crenças, em virtude da educação que tive, e que, em minha última encarnação, como Madame Nancy, não segui tradições ou crenças. Agarrei-me à fé pura e sincera ao me deparar com o sofrimento após meu desenlace físico, chamada nos círculos espiritistas e espiritualistas de desencarnação. Foi com o meu breve sofrimento em Zona Astral Inferior que me rendi à prece sincera e obtive o Amparo Divino.

Muito tenho aprendido no tempo em que estou aqui no Plano Espiritual. Digo no tempo presente, pois ainda sigo aprendendo. Nenhum de nós consegue ter o aprendizado absoluto.

Fui gentilmente convidada a trazê-los minha primeira história e, agora, retorno à escrita, para relatar um pouco dos aprendizados e vivências que tive, em outras situações.

Sou imensamente grata a todos os leitores que se identificaram e aprenderam algo com minhas lições. Mantive-me em silêncio, mas ciente de toda a repercussão e em gratidão por me ter sido oportunizada esta experiência. Sem dúvidas, é um trabalho que também me auxilia a continuar no crescimento espiritual, pois saibam que não sou perfeita por estar desencarnada e muito menos tornei-me uma santa! Nem eu, nem ninguém que morreu.

Continuo a usar e a adorar meu vestido vermelho, meu batom, meus cabelos pretos bem presos em um firme coque e uma grande rosa na cabeça. Também não deixo de usar meu leque, para ser teatralmente aberto em circunstâncias que me permitem ter tal prazer. Esta é a aparência e o jeito que eu tinha quando encarnada, vivendo como Madame Nancy, e, como já relatei na obra anterior, é uma das reencarnações mais importantes de minha Eternidade, da qual retirei grandiosas lições enquanto na carne e igualmente após a minha desencarnação. Esta aparência me remete a grandiosas e preciosas lições e ao meu despertar para as questões espirituais. Sinto-me confortável em mantê-la. Infelizmente, ter esta aparência foi motivo de lamentáveis preconceitos no Plano Terreno, apesar de ser considerada uma mulher à frente do meu tempo, e por me manter assim no Plano Espiritual, ainda me torno alvo de preconceito, tanto de Espíritos que vibram energias inferiores e desconhecem o Amor de Deus quanto dos encarnados que se regem por ideias preconcebidas.

Nossos queridos amigos, Pai Abelardo, Shaiany e Alluna, participaram das experiências narradas na trajetória que se seguirá, e novos companheiros lhes serão apresentados no desenrolar da trama, que terá como pano de fundo a elucidação acerca da gravidade espiritual à qual nos submetemos, quando nos deixamos levar pelos torpes vícios da carne. Não foi à toa que fui convidada para esta experiência de auxílio, eu mesma tinha uma vida desregrada que me levou ao sofrimento, antes do aprendizado.

Nestes escritos, aprenderemos como os Espíritos trabalham no Plano Espiritual, tanto para o bem quanto para o mal. O Astral Inferior tem muitas artimanhas e um intenso trabalho para ofuscar a luz do Astral Superior, o que demonstra o desconhecimento desses irmãos quanto ao Amor e à Caridade. Faltalhes Jesus no coração, mas um dia despertarão.

Ousada, como sempre fui e continuo sendo, mesmo após a morte, entretanto muito mais contida – não se pode negar –, e buscando o bom senso, confesso que trago nesta nova obra questões que podem gerar desconforto a muitos, principalmente aos que não estão acostumados a fazer autocrítica. Os temas, contextos e personagens irão mexer com preconceitos de muitos dos nossos irmãos encarnados. Recomendo que a leitura seja feita sem qualquer julgamento prévio e com a constante busca interpretativa. Todas as lições encontram-se fundamentadas nos pilares do Espiritismo.

Com a dosagem correta e, claro, com a orientação de irmãos mais avançados, não deixarei de tocar nas feridas e de elucidar os equívocos que os encarnados cometem, inclusive dentro dos trabalhos de orientação religiosa.

A título de exemplo, lamentável e triste situação me ocorreu em uma das tentativas de me comunicar em um Centro Espírita, no qual fui expulsa da sessão mediúnica pela dialogadora que estava, assim como os outros médiuns da mesa, em completo desequilíbrio e sob forte influência dos obsessores que desejavam, além de que o resgate aos irmãos sofredores e perdidos não ocorresse, também prejudicar a ordem e os trabalhos do Centro em questão, e, infelizmente, conseguiram. Tal experiência de insucesso naquele trabalho fortificou-me junto ao Cristo para seguir ainda mais firme em nossa árdua luta contra os obsessores em favor do resgate dos obsidiados. Aprendi também muitas lições.

Felizmente fomos amparados e conseguimos dar prosseguimento ao nosso trabalho de socorro e orientação espiritual em uma Tenda Espiritualista, junto àqueles encarnados e também dos Espíritos, que, de igual forma, são constantemente desprezados e excluídos por muitos dos detentores da suposta "Verdade Absoluta" da Espiritualidade, um ledo engano. A Verdade ainda é incompreensível aos olhos humanos e tem muitas faces. Aprendi que o Bem, o Amor e a Caridade não possuem religião. Porém, detalhes narrarei no transcorrer das linhas que se seguirão. Bem-vindos à leitura!

CAP. 01

— Muito boas tardes, *fia*! - Pai Abelardo chegou mansamente perto de mim, que estava no jardim de minha residência na Colônia, um lugar encantador, com belas paisagens, construções residenciais confortáveis e muita natureza. — Posso entrar?

— Já entrou, não é, Pai Abelardo? Inclusive, o senhor sabe que tem passe livre em minha casa. Estava agorinha pensando no senhor, enquanto cuidava do meu jardim - disse expansiva como era, dando-lhe um grande e apertado abraço de forma aconchegante.

— E eu não sei? - ele falou rindo, de forma mansa. — Eu bem ouvi seus pensamentos e vim então conversar um pouquinho, tomar um cafezinho.

— Cafezinho? Achei que o senhor já estava evoluído demais para querer se alimentar como nós, pobres Espíritos ainda presos às sensações da matéria - repliquei em tom de brincadeira, fitando-o.

— Eu *tô* é brincando com *ocê*, *fia*, e *ocê* sabe disso. - Pai Abelardo riu ainda mais gostosamente. — Mas posso aproveitar e dar um ensinamento sobre esse assunto? Pode ser útil para repassar futuramente a quem interessar.

— Claro que pode, Pai Abelardo - respondi, convidando-o a se sentar nos bancos próximos. — Estou com os ouvidos à sua disposição.

— A gente quando *tá* aqui do outro lado da vida, como Espírito, não precisa de alimento como o encarnado não, *ocê* já tem estudado isso, *num* é? A gente até sente uma vontade de comer, para se saciar, mas quando não está tão desprendido da matéria ainda - Pai Abelardo começou a explicar amorosamente. E continuou: — Mas aqui não tem alimento como é na Terra, e muita gente ainda não consegue entender isso, minha *fia*. O alimento é fluídico e aos poucos o Espírito vai aprendendo que não precisa comer como comia quando estava encarnado.

— Sim, eu já li sobre isso nos livros que tenho estudado, mas confesso, Pai Abelardo, que ainda não consigo me desprender da necessidade de me alimentar. Mas um dia eu vou evoluir mais um pouco e vou chegar nesse patamar. O primeiro passo já foi dado, a compreensão - afirmei, sorrindo.

— Então, *ocê*, minha *fia*, ainda come, mas carece não. Daqui a pouco, vai se alimentar só é de *trabaio* aqui - comentou rindo, e continuou com um olhar sereno e carinhoso: — O *trabaio* no bem conecta a gente com as energias do Amor e é o que enche nossa barriga e sacia a nossa fome.

— Que belas palavras, que bonito, Pai Abelardo! O senhor é um Preto Velho de muita sabedoria. Obrigada pelos ensinamentos que amorosamente sempre me proporciona. Ainda sou incipiente na Senda Espiritual, contudo estou a cada dia crescendo mais e me tornando melhor. Como disse, tenho fé e objetivo de evoluir cada vez mais, e eu tenho esse propósito diariamente - afirmei enquanto acariciava uma flor. — E, mudando um pouco o assunto, olha que linda esta rosa... as flores aqui são tão mais belas, perfumadas e macias.... Amo cultivar estas rosas vermelhas em meu jardim; o senhor sabe, adoro usá-las como adereço em meus cabelos.

— Tudo aqui é muito mais belo que na Terra, minha *fia*, porque aqui *tá* o original. Lá é tudo uma cópia do que já tem aqui e foi criado aqui. A gente está na verdadeira vida, a Terra é uma passagem, é uma estação que a gente fica por um tempo - explicou olhando o céu e depois apontando para o jardim. — E também digo *procê* que as flores, as plantas, as matas, as águas, a Natureza como um todo, minha *fia*, têm muitas funções, nos dois Planos da Vida. Mas lá na Terra as pessoas ainda não despertaram para todos os benefícios que possuem nas mãos. Ainda não valorizam os presentes naturais que Deus concedeu a elas.

— Em meus estudos tenho aprendido cada vez mais acerca da energia, e que tudo, absolutamente tudo, é energia. Ainda desejo entender mais sobre os elementos da Natureza, sobre o poder e os benefícios materiais e espirituais dos reinos mineral e vegetal - comentei.

— E faz muito bem, o aprendizado tem que ser constante. Ainda mais *ocê* que está com a responsabilidade de auxiliar no que pode o nosso amigo Daniel, agora reencarnado como Manoel - alertou o amigo Preto Velho, olhando para mim. — Mas falando em responsabilidade, eu tenho é um convite para te fazer, e os aprendizados que já possui com as suas experiências certamente vão ajudar.

– Eu agradeço muito a confiança depositada em mim. Fiz muitos cursos para assumir esse compromisso junto ao Manoel. É uma tamanha responsabilidade! Foram anos de preparação e ainda hoje sinto que preciso aprender mais, pois muitas vezes acontecem situações nas quais não sei como orientá-lo de pronto, então saio em pesquisas aqui na Colônia e busco ajuda para repassar a ele. Tenho mantido meu compromisso e regularmente vou ao encontro dele com nosso amigo Jonathan, que está na linha de frente atuando mais diretamente como Mentor Espiritual do Manoel - expliquei. – Mas qual seria o convite, Pai Abelardo?

De forma serena e tranquila, sentado no banco do jardim e segurando a sua bengala com as duas mãos, Pai Abelardo me fitava.

CAP.
02

— O caso que eu tenho *pra ocê* lembra de experiências da sua trajetória na Terra enquanto estava na carne na última vez - começou a me contar o querido amigo.

— Seria para ajudar alguém do meu círculo e que está de volta à carne ou algum dos que já retornaram para esta vida, como Sabina ou Miguel? - perguntei interessada e preocupada, imaginando que algo grave pudesse estar ocorrendo com meus queridos e que eu ainda não sabia. Eles viviam em outra Colônia Espiritual, que estava de acordo com a evolução que possuíam e a necessidade de trabalho que tinham, mas nos visitávamos sempre que possível.

— Não, minha *fia*. Não é nada com nenhum deles. Todos estão muito bem. - Acalmou-me Pai Abelardo. — O caso é com pessoas que são desconhecidas *pra ocê,* mas que vibram mais ou menos na mesma sintonia que um dia *ocê* também já vibrou.

Pai Abelardo silenciou e fechou os olhos como em um momento de prece. Respirava fundo, de forma pausada, sentindo verdadeiramente o momento e as energias da Natureza Espiritual, dando-me um momento para refletir, pensar e entender sobre o que ele estava falando.

Aqui do outro lado, os Amigos Espirituais não nos dão todas as respostas na ponta da língua e também não esmiúçam em detalhes tudo para nós a cada instante. Eles exercitam a nossa inteligência e a nossa sagacidade, dando dicas e orientações para que consigamos concluir as questões por conta própria. O mesmo fazem com os encarnados por meio do intercâmbio mediúnico. Via de regra, as respostas não vêm prontas, até mesmo a fim de exercitar o livre-arbítrio de cada um, que vai decidir o que fazer dentro do que deseja e acredita. Se fosse tudo direto ao ponto, as pessoas não pensariam e não decidiriam por conta própria, não teriam responsabilidade.

Logo concluí do que se tratava. Em minha última experiência na carne, como me deixei levar pelas influências de ordem inferior da viciação e do desequilíbrio em diversas esferas, muito provavelmente, pensei, seria algo a ser trabalhado nesse sentido junto a quem estava, por incompreensão das Leis de Deus, agindo de forma equivocada.

— Seria para trabalhar com alguém que está com algum desequilíbrio como os que eu tive, Pai Abelardo? - questionei, fitando-o de forma curiosa.

— É isso mesmo. Eu sabia que *ocê* era inteligente! - respondeu Pai Abelardo, dando uma risadinha. — Na Terra, muitos dos nossos irmãos ainda estão perdidos, seguindo caminhos desvairados dos vícios de todas as espécies. Vícios relacionados à sexualidade, às bebidas, às drogas, e a gente tem que tentar ajudar - continuou a me dizer, com sua voz mansa e compassiva. — *Ocê* aprendeu, por meio do sofrimento da última encarnação, que os vícios não são bons, *num* é? Agora é hora de ajudar as pessoas que estão caindo nos mesmos erros que um dia *ocê* já teve também.

— Sim, infelizmente eu me deixei levar pela bebida, fumava, tinha uma vida sexual desregrada. Considerava que isso era estar à frente do meu tempo; que iludida eu era! Achava também que estaria conseguindo preencher o meu vazio interior, mas na verdade estava me afundando no lamaçal da dor e do sofrimento[1]. Sou grata por ter despertado, mas não me envergonho do pretérito. Entendo que sou um Espírito que está buscando se melhorar e assumo os meus erros do passado, pois compreendo que me proporcionaram evolução, mesmo que por meio do sofrimento, mas a escolha foi minha - eu desabafei. — Sabe, Pai Abelardo, muitos julgam mulheres que, como eu, tiveram um passado de vícios e erros, e, até mesmo entre os estudiosos da Espiritualidade, há aqueles que consideram que somos Espíritos perturbados ou perturbadores. Parece que não despertam para o real entendimento de que todos evoluem e se armam do preconceito, o que é triste e completamente contrário ao que pregam, tornando-se, com isso, os discursos que proferem, hipócritas!

— Eu sei, minha *fia*. Eu bem sei disso - lamentou Pai Abelardo. — *Ocê* acha que eu não sofro preconceito por ser preto e velho? Tem muito lugar por aí que não aceita Espíritos como eu. Muitas pessoas acham que

---

1 Nota da editora: A explicação a respeito do motivo pelo qual a personagem sentia um vazio interior encontra-se na obra *Madame Nancy - A Espanhola*, que narra a trajetória de vida de Nancy, bem como revela sua vida passada e também sua chegada no Plano Espiritual. Disponível em versões impressa e *e-book*.

somos inferiores, e é realmente um grande sinal do preconceito que elas têm, *ocê* tá certa nisso. É verdade que é triste de ver como os nossos irmãos ainda estão perdidos nos conceitos equivocados, mesmo com as luzes das explicações sobre a Espiritualidade; isso reflete, por muitas vezes, que interpretam de forma errada e distorcem os ensinamentos para justificar o que acham e o que querem. Mas a gente faz o que pode, *num é?* – Fez uma breve pausa e concluiu. – Eu mesmo já passei por situações muito constrangedoras em sessões mediúnicas, minha *fia*, quando apareci com esta roupagem fluídica de Preto Velho. E eu queria só ajudar e fazer o bem. Tem lugar que eu só apareço como *doutô*. Só assim *pra* conseguir *trabaiá*. Mas eu gosto mesmo é dessa aparência. É a que eu mais uso, porque, assim como aconteceu com *ocê*, foi nessa reencarnação, de um preto escravizado até a velhice, que pude aprender muita coisa. Aprendi a amar, aprendi a perdoar, aprendi muita coisa mesmo.[2]

– Que triste saber disso, Pai Abelardo! É um desserviço que prestam esses irmãos que possuem qualquer tipo de preconceito com a forma pela qual os Espíritos se apresentam! Ainda mais por dizerem que conhecem os ensinamentos espirituais - comentei, tristonha e um pouco indignada. – Espero nunca

---

2 Nota da Autora Espiritual: Saliento que, na fala de Pai Abelardo, de forma alguma ele justifica ou faz jus ao sofrimento dos escravizados. Ele comenta acerca de um sentimento íntimo e pessoal. Por fatores que não é condizente revelar nesta obra, este Espírito reencarnou sendo escravizado no Brasil. Da experiência de dor e sofrimento, angariou êxito reencarnatório, por meio da elucidação e da iluminação interior, retribuindo o mal que lhe faziam com o bem que podia.

passar diretamente por uma situação dessas, não sei se saberia lidar! - respondi enquanto olhava para o céu, a fim de admirar as nuvens que tinham bonitos formatos.

— A gente aprende, minha *fia*. A gente aprende e, como *ocê* disse, tudo é evolução. Por vezes Deus permite que a gente passe esses constrangimentos *pra* gente *trabaiá* em nós mesmos os sentimentos que temos e provar a nossa fé e a nossa resignação - sabiamente ponderou meu querido amigo.

— Mas voltando ao assunto do socorro a ser prestado, gostaria de mais informações, por gentileza - perguntei enquanto começava a ficar ansiosa.

— Se acalma, se asserena - Pai Abelardo falou, gesticulando com a mão direita e fazendo sinais de calmaria, enquanto a esquerda continuava a segurar a bengala. — *Ocê* não vai estar sozinha, estará integrando um grupo de cinco trabalhadores, todos *ocês* atuarão juntos, e cada um ficará responsável por um encarnado. Na verdade, *ocês* irão ajudar os Mentores Espirituais de cada um deles.

— Entendi. E alguém conhecido estará no grupo de trabalho? - questionei interessada.

— Quem está à frente dos trabalhos é a nossa amiga de longa data, a Veneranda Shaiany; ela me convidou para ser coordenador deste grupo de trabalho, e, como fiquei livre para escolher meus colaboradores, sugeri *ocê* como uma das que considero apta para a atuação - respondeu meu amigo, me dirigindo um penetrante e sereno olhar, com um leve sorriso que simbolizava confiança. — Também chamei para integrar nosso grupo a Alluna e outros três amigos que *ocê* conhecerá em breve, se chamam Tupinambá, Saiorai e Carmen. - Após breve pausa, prosseguiu: — Vamos atuar junto aos encarnados para que mudem o padrão vibratório, se reaproximem do Amor e, pelo resgate deles, vamos ajudar os Espíritos que os estão obsidiando, se for da vontade deles serem ajudados.

— Nossa, quanta responsabilidade! - respondi após refletir — Mas que ótimo ter Alluna conosco! Ela é uma querida e muitíssimo inteligente. De uma seriedade ímpar e muito estudiosa dos assuntos espirituais - comentei empolgada. — E claro que deveria ter o "dedo" de Shaiany, ela sempre está em alguma atividade importante para a coletividade. Um dia, quando crescer, quero ser igual a ela, uma rainha da Espiritualidade! - brinquei e ri gostosamente fazendo um gesto com as mãos, elevando-as à cabeça, formando uma coroa, o que fez Pai Aberlado também rir gostosamente.

— É, minha *fia*, *ocê* quer é mais *trabaio*. *Tá* pouco, é? A responsabilidade *tá* pequena? - comentou em meio aos risos.

— O senhor não sabe brincar, Pai Aberlado! - respondi fingindo afetação, dando-lhe um leve tapinha nos ombros.

Pai Abelardo explicou que me apresentaria aos novos amigos e trabalhadores do Bem Maior que iriam integrar a equipe de trabalho, mas que, ao invés de falar sobre eles, preferia que nos encontrássemos. Combinamos então esse importante encontro e lá também entenderíamos mais sobre o caso a ser trabalhado.

Eu estava muito ansiosa para dar início a essa nova experiência que com certeza me seria de imensa utilidade para o aprendizado e a evolução espiritual de que ainda necessitava, pois nós, Espíritos aqui do outro lado da vida, estamos sempre evoluindo, e não é nenhum demérito reconhecermos isso. Esta consciência eu sempre busco manter com o propósito de não me perder no caminho da Espiritualidade.

CAP. 03

No dia e no horário aprazados, reuni-me com os futuros companheiros de jornada. Junto a mim, estavam presentes neste encontro, que ocorreu em um bosque da Colônia, Pai Abelardo, Shaiany, Alluna, Tupinambá, Saiorai e Carmen.

Pai Abelardo, Shaiany e Alluna já me eram figuras familiares. Shaiany, como sempre, estava muito bela, com seus cabelos em uma trança que caía pela lateral direita de seu pescoço. Era um Espírito de alta envergadura espiritual.

Já Alluna, como comentei, Espírito de muita sabedoria, é conhecedora do Espiritismo e com experiência para estar na posição de Mentora Espiritual. Sua aparência lembrava-me minha filha, Sabina, com seus cabelos ruivos.

Tupinambá, rapaz alto e forte que integrava nossa equipe de trabalho, tinha traços indígenas. Usava uma roupa simples e adereços que remetiam à sua cultura.

Saiorai, jovem de aspecto e vestimentas típicas dos orientais, mostrava-se muito meiga e dócil ao se portar e ao falar, e também bastante tímida.

Já Carmen tinha personalidade parecida com a minha, era expansiva. Em sua última encarnação tinha vivido como uma cigana nascida na Espanha, também minha terra natal. Era nítido que adorava enfeitar-se com colares e pulseiras.

O local era belíssimo, havia muitas árvores frondosas, flores em canteiros muito coloridos, alguns lagos e bancos brancos espalhados por todo o ambiente. Ao redor do bosque, existiam diversas construções que serviam de locais administrativos da Colônia e de residências. Que privilégio dos que podiam morar de frente para esta maravilha de bosque!

Do local onde estávamos, dava para ver um majestoso edifício espelhado, o Hospital Espiritual, onde muitos são acolhidos quando chegam por aqui; ficava a algumas quadras de minha residência. O dia estava encantador e eu muito animada com o encontro.

— Quanta diversidade, quantas pessoas tão diferentes umas das outras o senhor reuniu para trabalharem juntas, Pai Abelardo - comentou Shaiany, em tom de aprovação e admiração.

— Cada um tem uma personalidade, é fato. Mas *ocê* sabe que é isso que vai fazer nosso *trabaio dá* certo, *num* é? - respondeu Pai Abelardo, olhando para cada um de nós. — As diferenças não significam que um é *mió* que o outro não, as diferenças se complementam.

— De tanto me falarem que eu ia para o inferno, confesso que realmente achei que ao morrer fosse para o Vale do Sofrimento, e olha onde estou, numa Colônia belíssima, com pessoas das mais diversas e ainda sendo convocada para um trabalho para ajudar alguém! - comentou Carmen, soltando uma bela gargalhada.

Notei que realmente tínhamos personalidades parecidas e logo identifiquei que também tínhamos afinidades. Apesar da personalidade semelhante, as decisões da vida de Carmen foram mais felizes e, ao desencarnar, ela não precisou passar pelo mesmo sofrimento que eu, pois logo despertou e foi amparada por sua querida e amada avó, dona Aldiciléia, uma senhora muito simpática que tive a oportunidade de conhecer em minha estadia aqui neste Plano.

Nas conversas para criarmos laços afetivos e nos conhecermos, contei brevemente a minha história, e cada um dos presentes que formavam o grupo de trabalho, narrou também a sua.

Tupinambá tinha sido assassinado de forma extremamente brutal por povos de outras culturas, em uma invasão ao seu território natal. Seu Espírito ficou por décadas perturbado e obsidiando os seus, até então, considerados inimigos. Com o passar dos anos, despertou para a Sublime Verdade Espiritual, para o Amor, para o Bem e para a Caridade. Enfim, perdoou. Foi resgatado e iniciou o trabalho em caminho oposto, usando todo o seu conhecimento e toda a sua inteligência para o bem coletivo.

Saiorai teve, do mesmo modo, trágica morte ao sofrer um acidente aéreo. O avião em que viajava caiu no oceano e afundou, não tendo ela chances de sobreviver. Seu corpo nunca foi encontrado nas profundezas do oceano, o que lhe foi motivo de muita angústia, a qual, com muito amor e dedicação dos

Amigos Espirituais, foi sendo superada durante o tempo em que estava acolhida na Colônia. O trabalho era para ela uma forma de crescimento e reconforto.

Alluna, sempre muito gentil, fez ponderações acerca das vivências de cada um e narrou sua experiência como Mentora Espiritual de Aderbal, que agora seguia trabalhando no Plano Espiritual junto com ela em pesquisas para colaborar com o avanço do Espiritismo no Brasil.

— Agora que todos vocês já se conhecem um pouco e começaram a criar os laços de afinidade, é hora de lhes explicar, amados amigos, o trabalho a ser desenvolvido - iniciou Shaiany, que fez alguns movimentos com as mãos e criou, sob nossas vistas, uma espécie de tela que seria usada para nos elucidar melhor acerca do assunto, com textos e imagens sendo apresentados. — Cada um de vocês terá como responsabilidade auxiliar um encarnado, e todos estarão sob a coordenação de Pai Abelardo, que observará e acompanhará os trabalhos de perto, como já sabem - explicou, apontando para o velho amigo.

— Uma dúvida, Shaiany. Duas, na verdade - disse Saiorai, levantando o dedo.

— Eu já sei, você deseja saber por que vocês estão juntos e recebendo essa responsabilidade, certo? - falou, com um sorriso no rosto.

— É isso mesmo, esqueci que vocês conseguem ler nossos pensamentos! - comentou Saiorai, com seu jeito tímido. — A minha dúvida é o que estes encarnados têm em comum para que a gente precise trabalhar juntos e onde estão os Mentores Espirituais deles.

— Nós podemos ler, sim, os pensamentos, mas, claro, respeitando também a privacidade de cada um de vocês - explicou a Veneranda. — E, sobre o grupo a ser atendido, vejam bem, todos eles convivem entre si, formam um grupo de cinco amigos que se conheceram em festas e badalações e, com isso, criaram afinidades, já que possuem os mesmos interesses. Os seus respectivos Mentores Espirituais estão trabalhando arduamente no intuito de orientá-los, entretanto, digamos que precisam de uma forcinha extra. Ajuda sempre é bem-vinda, e vocês, como também precisam aprender, foram escolhidos por Pai Abelardo para adquirir experiência. Estarão ajudando e sendo ajudados. Reforço que os obsessores que os influenciam igualmente não estão abandonados, mas esses Espíritos Sofredores afastaram-se dos Conselheiros do Bem pelo livre-arbítrio e seguimos a postos aguardando que despertem para a Luz.

Ao ouvir o desenvolvimento da explicação, pensamentos começavam a perpassar pela minha mente e indaguei:

— Com licença, como sabem, já estou auxiliando meu querido Daniel, agora reencarnado como Manoel. Tenho trabalhado com Jonathan, seu Mentor Espiritual. Constantemente o visito com o propósito de lhe transmitir ensinamentos. Minha experiência está ruim e por isso estou sendo realocada? - questionei preocupada, sem compreender de pronto que estava sendo beneficiada e não punida.

– Não, minha *fia*. Sua experiência *tá* sendo muito bem avaliada e, por isso mesmo, escolhi *ocê* para avançar e passar pela vivência de aprendizado que estamos propondo, com um caso mais difícil. Quando o aluno *tá* com capacidade, ele avança no estudo, *num* é? - afirmou amorosamente Pai Abelardo. – E antes que *ocê* pergunte, *ocê* não vai se afastar de Manoel e da família dele não, vai só dar um passinho *pra* trás e observar na retaguarda, durante o tempo em que *trabaia* neste caso. Enquanto isso, Jonathan continuará à frente por lá, ajudando outros Espíritos que precisam *trabaiá;* e o contato com Manoel vai ser útil *pra* esses irmãos, em virtude do seu equilíbrio mediúnico e do *trabaio* no Amor do nosso Senhor Jesus Cristo.

Confesso que fiquei apreensiva, pois reconheço que estava em uma zona de conforto, atuando junto com Jonathan e Manoel. Na hora em que aceitei o convite, não parei para pensar que seriam necessárias essas mudanças, e agora o medo me assolava o coração e a mente. Será que eu estaria capacitada para colaborar com uma tarefa de ordem mais complicada? Tais pensamentos e sentimentos me invadiram, à medida que ganhava consciência da responsabilidade.

Shaiany nos apresentou detalhes acerca de cada um dos envolvidos, e as cenas que víamos diante de nossos olhos, projetadas pela Veneranda, eram estarrecedoras.

Alluna
Saiorai
Shaiany
Tupinambá
Carmen

CAP. 04

Nossos tutelados, assim irei chamá-los, estavam absortos nos desvairados prazeres mundanos e completamente hipnotizados pela influência perversa e negativa de Espíritos que buscavam incentivá-los aos vícios de toda ordem, a fim de se beneficiarem com as energias sugadas, bem como satisfazerem aos intentos negativos de persuadi-los a se perderem na reencarnação.

Nos foram apresentadas imagens da última noite, antes do nosso encontro no Plano Espiritual ora narrado, na qual os cinco tutelados estavam se embriagando e fazendo uso de entorpecentes em uma casa noturna bastante badalada de uma capital brasileira. O Ambiente Espiritual também nos foi apresentado e era, sem dúvida, uma das coisas mais horrorosas que pude observar. O ambiente era denso, escuro, repleto de miasmas deletérios, e os Espíritos que rodeavam os frequentadores eram da pior espécie, pareciam, alguns deles, monstros deformados, tamanho o desequilíbrio que tinham em seus corpos sutis.

– Importante frisar, amigos, que não é o ambiente em si que chama esses Espíritos, não é o fato de estarem, por exemplo, em uma festa ou se divertindo, mas, sim, a intenção dos encarnados. É por meio do pensamento desequilibrado que eles emanam, que esses Espíritos se aproximam e fazem do ambiente em questão a sua estadia. Notem que a responsabilidade central é dos encarnados, são eles que transformam os ambientes em bons ou ruins, tanto social quanto espiritualmente - salientou Shaiany.

– Muito boa essa explicação, Veneranda. Os encarnados, por vezes, costumam colocar a responsabilidade nos ambientes, nas coisas, nos objetos, nas outras pessoas, nos Espíritos, na Natureza, menos em si mesmos - complementou Alluna. – Um ambiente, por exemplo, pode ser festivo, de encontros casuais e ser equilibrado, ser sereno espiritualmente. O problema não é a alegria e a diversão e sim os intentos que as pessoas possuem.

Ao ouvir tais elucidações, recordei-me do meu antigo Cabaré, um ambiente espiritualmente denso e desequilibrado e que hoje tornou-se uma Casa de Acolhimento e Amor, tendo toda a sua psicosfera transformada. O ambiente terreno é o mesmo, o prédio é o mesmo, mas a energia que circunda é diferente, porque as pessoas que ali convivem agora emanam outros desejos e possuem outros pensamentos, o que faz com que as Companhias Espirituais também se modifiquem, no caso, para melhor. Por fim, a responsabilidade é realmente de cada um.

– Carlos, Eduardo, Joana, Maitê e Débora são os encarnados que terão, neste momento, nosso amparo especial. Como expliquei, seus respectivos Mentores Espirituais continuam a trabalhar amparando-os, e contam conosco para ajudá-los. Como também já expliquei, será também um treinamento para vocês, e todo aprendizado é um avanço na Escala Espiritual - afirmou Shaiany.

— *Ocê* me permite fazer uma ponderação, *fia*? - pediu Pai Abelardo e, tendo Shaiany consentido, prosseguiu: — Cada um dos jovens tem uma personalidade diferente e essa personalidade tem a ver com cada um *d'ocês*. Não é à toa que formam esse grupo. Nada é por acaso, tudo tem um porquê - finalizou com uma risadinha.

O que Pai Abelardo falava tinha sentido e era realmente verídico. Com isso verificamos a grandiosidade do Amor de Deus junto a cada um de nós e compreendemos que absolutamente nada nos acontece sem um objetivo maior. Sempre aprendia muitas lições reflexivas com o meu amigo Preto Velho.

Sob minha tutela ficaria a jovem Maitê, sendo Pedro o seu Mentor Espiritual. Influenciando negativamente Maitê estava um Espírito chamado Dalila, cujos Espíritos Amigos e Familiares observavam a distância o caminhar equivocado que ela escolhia traçar, mas tentavam auxiliar como podiam.

Me concentrarei em dar maior enfoque à narrativa de Maitê, mas não deixarei de abordar o que for necessário com relação aos outros tutelados e aos meus colegas de trabalho nesta atividade que iríamos desenvolver.

Maitê era uma jovem de classe alta, vaidosa e muito bonita, com lindos olhos azuis e cabelos loiros, encaracolados até a cintura. Sua aparência me lembrava Daniel na última encarnação, e o seu jeito vaidoso lembrava a mim mesma. Inclusive era bastante sedutora, fazendo com que diversos rapazes caíssem sob seus pés com um estalar de dedos, e gostava desse jogo de prazeres, igualzinha a mim quando encarnada! Em muito era incentivada por Dalila que desejava que ela se envaidecesse cada vez mais e se deixasse levar pelos prazeres das relações desequilibradas, para se nutrir das energias emanadas em seus relacionamentos desprovidos de sentimento puro e verdadeiro, além disso, fazia uso de substâncias entorpecentes.

A vida de Maitê estava sendo uma farra, uma festa desregrada. Seus pais, médicos e Espíritas obcecados pelo trabalho dentro do Centro Espírita, não davam atenção aos devaneios da filha. Arrogantes, acreditavam ser muito sabedores da Doutrina e isentos de qualquer problemática espiritual. Ignoravam os problemas que ocorriam dentro da própria casa, inclusive contra si mesmos e contra o Centro Espírita, alvo de um grave caso de obsessão, sendo ambos, mas, principalmente Adalberto, utilizado como um instrumento do Astral Inferior para conseguir o intento de destruir aquele ponto de luz.

Pedro, por sua vez, estava com cada vez mais dificuldades em se relacionar com Maitê, pois ela não lhe dava ouvidos, preferia, mesmo que inconscientemente, escutar as sugestões perniciosas de Dalila. Tal fato preocupava o Mentor Espiritual de minha nova tutelada.

Nascida em família Espírita, Maitê tinha conhecimentos acerca da Vida Espiritual, pois havia realizado estudos da Evangelização e da Mocidade. Era conhecedora dos ensinamentos contidos na obra de Kardec, mas estava a cada dia mais distante da realidade que lhe havia sido ensinada. Há anos não frequentava um Centro Espírita porque não se sentia acolhida e, insatisfeita com a hipocrisia que via seus familiares vivenciarem, afastou-se não apenas do Movimento Espírita, mas da Doutrina e até de Deus. Eram poucos e raros os momentos em que ela se conectava com o Alto, tornando-se a prece um recurso tão somente em casos de sofrimento.

— Maitê se decepcionou muito nas sendas espíritas, viu muitas pessoas sendo hipócritas, relações falsas, que são, em verdade, reflexo da falta de evolução moral dos encarnados e não um problema da Doutrina Espírita em si - comentou Shaiany. — O mesmo acontece com outros jovens religiosos, de outras vertentes, infelizmente. O problema não são as doutrinas religiosas, são os membros dos movimentos.

Prosseguimos no conhecimento dos casos de cada um dos jovens e quem ficaria responsável pelo auxílio: Carlos ficou sob tutela de Tupinambá, Eduardo sob tutela de Alluna, Joana sob a tutela Saiorai e Débora sob a tutela de Carmen.

CAP. 05

Após este primeiro encontro, retornamos para as nossas residências no intuito de refazer nossas energias e nos prepararmos para dar início aos trabalhos. Iríamos, cada um de nós, encontrar com o Mentor Espiritual de nosso tutelado com o objetivo de buscarmos nos aproximar deles. Pai Abelardo já havia comunicado a todos os Mentores sobre receber a cada um de nós e nos apresentou ao respectivo colega de Trabalho Espiritual, por meio de telas que formavam imagens em 3D bastante realísticas, como se estivéssemos frente a frente uns para os outros.

O Plano Espiritual é vasto em tecnologia e tudo o que vocês possuem na Terra, como meio de comunicação, existe de forma muito mais avançada deste outro lado da Vida. Não pensem que não fazemos uso das tecnologias e também não pensem que somos seres mágicos e milagrosos que não precisam de recursos para trabalhar. Somos como vocês, porém sem o corpo de carne, e nossas possibilidades de acesso a tecnologias, bem como habilidades intelectuais e espirituais, dependem da nossa evolução. Entre nós, não são todos que conseguem se teletransportar pelo pensamento ou volitar, por exemplo. Considero relevante desmistificar esse romantismo que muitos encarnados criam em suas mentes, considerando que quem morreu torna-se um ser mágico e com superpoderes. Ledo engano!

Chegado o dia de me encontrar pessoalmente com

Pedro, antes, fui ao encontro de Jonathan para dar uma olhadinha em como andava Manoel e seus familiares. Era dia de reunião mediúnica e, como sempre, Manoel buscava manter-se em atividades tranquilas e serenas durante todo o dia, lendo e escrevendo acerca de assuntos referentes à Espiritualidade, uma atitude exemplar e seguida por poucos. E não apenas naqueles momentos, mas em qualquer tempo livre que tivesse, buscava realizar trabalhos caritativos. Manoel vivia em benefício do Bem Maior, e isso era motivo de muita felicidade para todos nós.

— Madame Nancy, a Espanhola! Que prazer revê-la, minha querida amiga. Soube que irá se dedicar a um trabalho de aprendizado e socorro, junto a um grupo de Espíritos orientados por Pai Abelardo, e que precisará se afastar um pouco da rotina do nosso amigo Manoel. - Cumprimentou-me de forma efusiva o amigo Jonathan.

— Sim, meu amigo. É hora de voar e crescer nos aprendizados espirituais! Confesso que estou nervosa e que, de início, após aceitar, fiquei pensando na responsabilidade e uma insegurança tomou conta de mim, momentaneamente, mas a fé em Deus e nos queridos amigos que estarão comigo não me deixam desistir! Confesso também que não desejava afastar-me do querido e amado Manoel, no entanto essa experiência me fará ter novos aprendizados importantes para minha trajetória - comentei, dando-lhe um aconchegante abraço.

— O que aprenderá poderá ser útil para si mesma e também para trabalhos futuros que você poderá ser convidada a desenvolver, tanto aqui no Plano Espiritual, como entre os encarnados. Inclusive, para o trabalho mediúnico que desenvolvemos com Manoel, o aprendizado que você terá poderá ser de extrema utilidade, quem sabe?! Todo aprendizado pode ser compartilhado em benefício da Humanidade, de outro modo, estaremos guardando o ouro do conhecimento apenas em nosso coração, agindo de forma contrária à moral de Jesus Cristo – comentou meu querido amigo, fitando-me.

— Suas palavras estão muito corretas, sem nenhuma dúvida! Quanta lucidez! Mas o que você quer dizer com trabalhos que serei convidada a desenvolver? Sabe de algo que ainda não estou sabendo, *chico*? Vocês têm uma mania de ter segredinhos, que eu sei! Ai, ai, ai... - comentei, fingindo afetação e sendo muito teatral como costumeiramente faço.

Naquele diálogo eu sequer imaginava que, de fato, minhas experiências seriam transformadas nesses escritos, a convite de adoráveis Amigos Espirituais, que já trabalhavam junto ao instrumento que lhes entrega meus pensamentos e que muito bem me acolheram nas atividades que realizam. Jonathan demonstrava sentir em seu âmago que aquele convite não era por acaso.

Manoel sentiu nossa presença e se concentrou, fiz-me visível para ele e me despedi, explicando que me ausentaria momentaneamente.

— Meu querido - iniciei, como sempre o chamava. — Venho contar-te que precisarei me afastar um pouco de ti, para iniciar uma jornada de aprendizado e evolução que me foi concedida pelo Pai de Infinita Bondade. Não o abandonarei jamais, mas não poderei fazer-me constantemente junto de ti como de costume, desde tua tenra infância. Mas seguirei presente sempre que me for concedida a graça.

Ambos ficamos emocionados, e ele, que carinhosamente me chamava de Dama de Vermelho, desejou me boa sorte e felicitações, ficando no aguardo do meu retorno.

– Minha amiga, Dama de Vermelho, és tão bela e charmosa! Um Espírito de tanta luz e claridade celeste; me trouxestes sempre tantas lições e carinho. Estarei sempre vibrando por ti. Confesso que sentirei saudades de ver-te, mas levarei em meu coração nossa genuína amizade e, quando puderes, venha visitar-me, aguardar-te-ei com os braços abertos. Voe, siga sua trajetória e seja feliz em sua evolução. Os corações amigos e unidos pelo Amor de Cristo não se separam jamais. Sei que não estás a me abandonar e que estaremos sempre conectados pelos laços de afeto e genuíno amor. Siga em paz, fique bem, eu ficarei bem.

As palavras de Manoel me emocionaram demais. De sua aura reluzia uma energia intensa e uma claridade rosada que significava intenso amor em cada palavra proferida. Meu querido avançava cada vez mais em sua evolução e seguia no reto caminho do Bem, do Amor e da Caridade. Jonathan seguia igualmente emocionado e feliz de ver o bom caminho que estava sendo trilhado pelo nosso amado amigo.

— Quem diria que Daniel, um médico cético e que não acreditava em Espiritualidade, iria se tornar um Espírito trabalhador do Bem Maior e reencarnar realizando tão vasto e grandioso trabalho junto aos Espíritos, não é mesmo? - comentou Jonathan. — Todos temos chance de evoluir, e nosso amigo aproveitou bem todas as oportunidades que teve de conhecimento, tanto na carne, na encarnação anterior, quanto no despertar no Plano Espiritual e nos aprendizados que aqui teve. A atual encarnação demonstra que ele realmente internalizou as lições[3]. E você também está aproveitando bem! - finalizou, dando-me tapinhas nos ombros.

— Fico imensamente feliz em vê-lo neste caminho do Bem, e, quanto a mim, sigo tentando ser cada dia melhor e fazendo a minha parte para crescer e chegar cada vez mais perto de Cristo. "Amar a Deus sob todas as coisas e ao próximo como a nós mesmos", não é este o nosso grande norte? Então... - comentei, ainda muito emocionada.

Despedi-me de Jonathan e fui ao encontro de Pedro. De claridades abençoadas por Deus, de uma energia intensa de amor, adentrei em um ambiente inóspito, tenso, com energias densas e deletérias. A mudança de vibração era visível e completamente desgastante para mim. Estava nos aposentos de Maitê.

---

3 Nota da editora: Nancy e Daniel possuem uma conexão de muitas vidas. No romance *Madame Nancy – A Espanhola*, acompanhamos três encarnações de Daniel, e como Nancy esteve presente em todas as suas vidas, como esposa, como uma paciente que se tornou grande amiga e como Espírito Familiar colaborando com seu trabalho mediúnico.

CAP. 06

A jovem Maitê dormia um sono perturbador, estava agitada e tendo inúmeros pesadelos. Tal situação nada mais era do que o reflexo de seu estado espiritual desequilibrado. Ao dormir, geralmente, seu Espírito desprendido do corpo físico vagava por regiões tenebrosas do Astral Inferior, na companhia de Dalila, sua obsessora, que a levava para tórridas regiões. E, quando tais viagens no Plano Espiritual não ocorriam, seu Espírito ficava próximo ao corpo físico, algo costumeiro para a maioria dos encarnados.

Naquela visita, deparei-me com Dalila velando pelo sono de nossa tutelada. O Espírito tinha o aspecto de magreza doentia, olheiras e cabelos pretos que estavam completamente desgrenhados, vestia roupas largadas e de aparência suja. Era o puro reflexo do sofrimento.

— O que você está querendo aqui? Pode sair, pode sair... - Dalila me afrontou assim que me viu. — Quem você pensa que é? Está fazendo o que, ô coisa espalhafatosa?

— Boa noite, primeiramente. Me chamo Nancy e vim a pedido de Pedro, amigo de Maitê. E você, como se chama? - questionei, buscando cordialidade.

O meu intuito com aquele primeiro contato foi tentar quebrar qualquer atitude de defesa de Dalila. Minha ideia era buscar um diálogo fraternal, a fim de ajudá-la, mas sabia que seria um longo processo e que o primeiro contato não seria dos melhores.

— Boa noite também, Dalila. Sempre bom revê-la. Espero que um dia seu sentimento seja recíproco, minha amiga. Apesar de não me considerar um amigo, eu a tenho com muita estima e respeito - Pedro afirmou amorosamente e com admirável paciência.

— Chaaaato! Fica quieto, chatice! Não quero falar com você! Insuportável! - esbravejou Dalila. — Essa aí também já chegou falando que veio a seu pedido, então não é das mais confiáveis. Agora, além da sua presença contaminando o ambiente, vai ter essa criatura espalhafatosa também para me perturbar as ideias - Dalila respondeu, afrontando-o. — Quer ainda insistir em ajudar a loirinha aí, que já está aqui, ó, nas minhas mãos? Pare de perder seu tempo! Nem adianta trazer reforço. Não é páreo *pra* mim, ô chato! - gritou como um animal feroz.

— Pense como quiser, Dalila. Não vou discutir com você. - Pedro mantinha uma serenidade inabalável. Era realmente admirável o seu equilíbrio. Eu estava ficando indignada com a falta de respeito e aprendendo muito com esse amigo.

Realmente o clima do ambiente mudava com a presença de Pedro, tornando-se mais leve; por isso, para Dalila, um Espírito bastante revoltado, era o "pesar o clima". Percebi que ela tinha uma noção completamente distorcida das questões. Esbravejava o tempo inteiro e nutria grande raiva por Maitê e Pedro, por este tentar ajudá-la, e, segundo suas concepções, isso bastava para que ela o odiasse.

Até o momento eu sabia muito pouco da relação entre aqueles Espíritos; sabia apenas que o ódio de Dalila por Maitê era proveniente de vidas passadas, e que Pedro estava envolvido na trama, mas Dalila não o culpava. Seu problema era com Maitê. Detalhes eu soube posteriormente, por um amigo que vocês conhecerão nas linhas que virão.

— Ô tal de Nancy, você não é espalhafatosa demais para ser amiga desse chato de galochas, não? Toda bonitona, tão cheirosa, visual que parece que tá indo *pra* uma festa. - Aproximou-se de mim e ficou a me analisar. — Cabelos tão bem arrumados, toda de vermelho... não parece uma santinha... cadê a roupinha branca e a cara de pastel murcho? - olhava-me de cima a baixo e falava em tom de deboche e sarcasmo.

— Eu não sou santa, Dalila. Nunca fui e não pretendo ser tão cedo, tenho plena consciência disso. Quem sabe, um dia, evoluo a ponto de ser santificada. Até lá, tenho muito trabalho a fazer, bônus-hora a conquistar e reencarnações para expiar - respondi firmemente e, ao mesmo tempo, com educação. — E, quanto a esta aparência - propositalmente abri meu leque bem teatralmente -, é a vestimenta típica que usava em minha última encarnação, na qual fui dona de um Cabaré. Era uma espanhola e foi uma das encarnações que mais me marcaram pelas experiências vividas e pelo despertar espiritual que obtive. Você tem bastante consciência acerca da Vida Espiritual e suas peculiaridades, então me surpreende fazer este tipo de pergunta, porque, ingênua e sem conhecimento, você não é. Não tente me afrontar, irá perder seu tempo e não irá me desestabilizar - finalizei com uma postura firme e olhando no fundo de seus olhos.

Dalila ficou surpresa com minha resposta e atitude. Não esperava por uma abordagem tão incisiva e firme. Estava acostumada a ganhar no grito e, quando se deparou comigo, lhe respondendo sem perder a elegância e a educação, mas com firmeza e seriedade, ficou desestabilizada.

Apesar disso, para iludir-se e se sentir superior, tentava me esnobar enquanto continuava sentada em uma cadeira próxima à cama de Maitê, que seguia com sonhos perturbadores, até que despertou abruptamente, quando então Pedro se aproximou e sentou-se ao seu lado na cama, buscando aplicar-lhe um passe e fazer uma oração. Até o presente momento, ele observava meu diálogo com Dalila em silêncio.

Sentindo um aperto em seu coração e um profundo vazio, Maitê começou a chorar e, sugerida por Pedro, lembrou-se de orar, algo que não fazia há tempos e que tinha se tornado raro. Ao ver a cena, Dalila fez um gesto de impaciência e desapareceu como fumaça, fugindo do ambiente, não sem antes soltar palavreados de baixo calão.

— Será difícil dialogar com Dalila. Ela parece bem arredia - comentei com Pedro, após ter ficado em vibrações enquanto ele trabalhava junto a Maitê.

— Sim, é um Espírito muito endurecido, que traz em seu âmago a revolta por situações vivenciadas no pretérito e, como já conversamos brevemente, culpa Maitê por tais circunstâncias. Agora, busca prejudicá-la, atrapalhando sua evolução - comentou Pedro. — Dalila tem afinidade com outros Espíritos que buscam realizar trabalhos semelhantes e está também vinculada a companheiros bastante perigosos que vivem no Astral Inferior. Em prol de nutrir equivocado desejo de vingança, ela se prende, cada vez mais, nas teias da insensatez e se conecta com energias densas e deletérias. - Após breve pausa, concluiu: — E Maitê, por estar desconectada com a Verdade, o Bem, o Amor e a Caridade, está se deixando levar por essas influências. A responsabilidade, no final das contas, está sendo dela mesma, que, assim como Dalila, está fazendo uso inadequado do livre-arbítrio.

— Compreendo, Pedro. Os encarnados têm fixação em considerar que são vítimas inocentes e injustiçadas de seus algozes, mas esquecem-se de que, em vidas passadas, eles podem ter sido algozes que fizeram muitas vítimas ou então que, nesta atual reencarnação, estão agindo de forma a propiciar a ação desses Espíritos, o que é um equívoco de cada um enquanto Espírito encarnado e não dos Espíritos desencarnados ou de Deus.

Enquanto dialogávamos, Maitê estava sentada na cama trocando mensagens com os dois rapazes de seu grupo de farras e festas, Carlos e Eduardo. As conversas eram de baixo teor vibratório, e eles combinavam de, mais uma vez, sair para alimentar os vícios que nutriam e que os prejudicavam espiritualmente.

— Maitê acabou de fazer sincera oração, sentiu seu coração reconfortado, mas ainda não foi o suficiente para despertá-la - lamentou Pedro. — Já voltou a pensar em atitudes inadequadas. Mas nós vamos auxiliá-la! Não desistiremos.

— Interessante que, mesmo sem Dalila por perto e ainda com nossa presença, ela já está se desvirtuando novamente - comentei, olhando com pesar para Maitê.

— É o livre-arbítrio. Além disso, ela está com o cérebro condicionado a esses pensamentos. É um trabalho árduo o que teremos pela frente. Mas já é um grande avanço conseguirmos sintonizar com ela nem que por breves minutos. Vamos acompanhá-la nessa festa que ela está marcando para ir? Como Shaiany lhes mostrou na apresentação do caso, o ambiente é bem denso. As cenas serão muito mais fortes ao vivo.

— Meu Deus! - comentei, aflita. — Me recordo do ambiente do Cabaré que, espiritualmente falando, era denso e com energias deletérias, havia Espíritos que buscavam se alimentar dos vícios que ali nutríamos e, para mim, já era algo bastante estarrecedor quando despertei. O que diferencia essa experiência que vivenciei com o ambiente da casa noturna que Maitê costuma frequentar?

— Há atividades ilícitas e muito mais pesadas do

que as realizadas no seu antigo Cabaré, acredite. O nível de desregramento é bem maior e, com isso, as energias tornam-se ainda mais densas. Visualiza o sentido da questão? Tudo cresce na mesma proporção, tanto o desequilíbrio quanto a influência perniciosa – Pedro pontuou e me deixou reflexiva.

Após algumas horas, adentrávamos à casa noturna e o que os meus olhos podiam ver eram cenas realmente inimagináveis, as quais evitarei descrever em detalhes para não assustá-los demasiadamente e além do necessário, mas posso garantir que Pedro não exagerou. Havia uma densa e escura nuvem encobrindo todo o ambiente do prédio em que a festividade acontecia. Jovens frenéticos abusavam de bebidas, cigarros e entorpecentes, enquanto Espíritos pervertidos ao mal e com aparências monstruosas e deformadas, se esgueiravam entre eles buscando nutrir-se das energias que emanavam e dos elementos consumidos sem qualquer responsabilidade, bem como de suas atitudes deploráveis e desrespeitosas para consigo mesmos e com os outros. Ocorriam situações constrangedoras e aterrorizantes ao bom senso e à moralidade.

Havia Espíritos perturbados e perturbadores com corpos perispirituais desnudos, esfregando-se em jovens praticando atividades sexuais desregradas e que, lamentavelmente, estavam trocando energia entre si e com aqueles Espíritos da mais inferior ordem, que os acompanhavam no regresso aos lares e os viciavam cada vez mais na sexualidade desequilibrada.

Dalila acompanhava Maitê e sugava-lhe todas as energias que podia, incentivando-a a, cada vez mais, aumentar seus vícios e desequilíbrios. Junto delas estavam os outros jovens do grupo de amigos e, ao redor deles, mais alguns Espíritos obsessores que riam, gargalhavam macabramente e inalavam as energias desprendidas daquele grupo e dos elementos que eles faziam uso, incentivando-os a pensamentos cada vez mais desequilibrados.

Alluna também tinha ido à casa noturna acompanhar Eduardo e junto dela estava Doralice, Mentora do rapaz. Os outros companheiros do nosso grupo e os Mentores dos nossos tutelados estavam concentrados em diferentes atividades em prol de auxiliá-los.

Nós, que ali estávamos, após termos visitado o ambiente, ficamos do outro lado da rua, sentamos em um banco no calçadão que dava uma bela vista para a praia, e ficamos conversando, vibrando e orando por aquelas almas perdidas, quando, então, Doralice comentou:

– Precisamos estar preparados. Tenho sentido constante aperto em meu coração e não tenho boas intuições, mas ainda não sei explicar o porquê. Apenas senti grande necessidade de vir, pessoalmente, junto com Alluna, acompanhar Eduardo. Que bom encontrá-los aqui, contudo sinto que algo grave vai acontecer na noite de hoje.

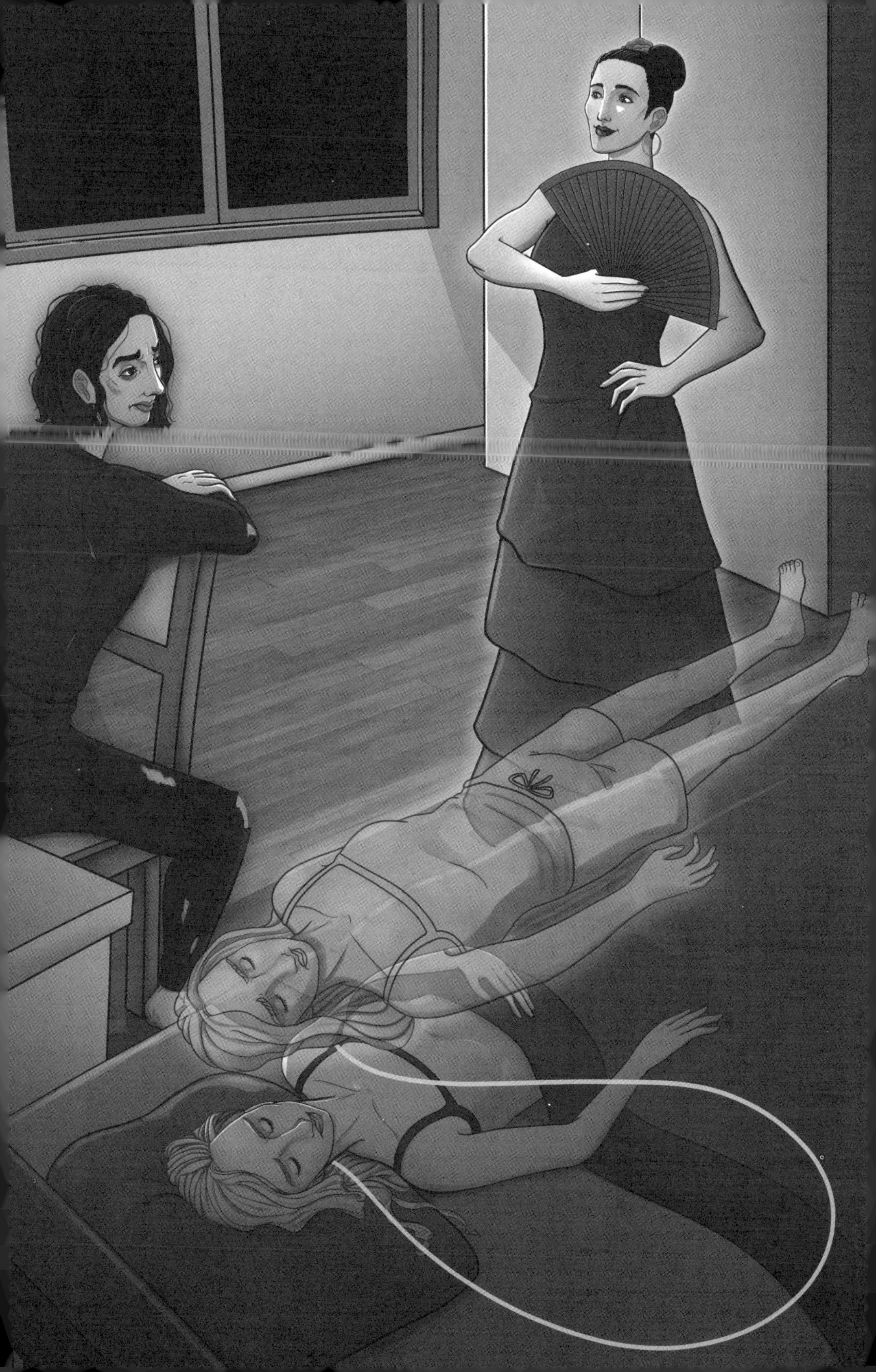

CAP. 07

Enquanto isso, no Centro Espírita que a família de Maitê frequentava, encerrava-se mais uma reunião mediúnica da qual seus pais, Adalberto e Maristela, participavam há muitos anos.

As reuniões já não ocorriam mais como o esperado pelos Mentores Espirituais do Centro Espírita, uma vez que o grupo mediúnico estava começando a ficar sob forte influência dos Espíritos obsessores que desejavam destruir as atividades daquele ambiente e perturbar os trabalhos realizados em nome de Jesus Cristo. Mesmo que estes Espíritos não estivessem dentro do Centro Espírita, que contava até o momento com proteção energética e espiritual, eles conseguiam manipular a mente dos médiuns que se deixavam levar, cada vez mais, por ideias estapafúrdias.

Os Mentores Espirituais observavam a tudo com muita tristeza e continuavam a lutar pelo restabelecimento completo dos trabalhos de forma ordeira, mas estava sendo difícil porque os médiuns não colaboravam, sendo desregrados em suas rotinas, não tinham comprometimento com o estudo sério, e nem o dirigente da reunião, Adalberto, era comprometido ou fazia questão de cobrar dos outros membros a disciplina. Para ele, era cada um por si; não queria perder tempo nem se desgastar reclamando com os outros, preferia manter a imagem de santo e bom homem, amigo de todos, e jogava toda a responsabilidade para a Espiritualidade resolver, se quisesse. Buscava manter-se em boa convivência com todos, inclusive com objetivos sórdidos de se tornar popular e o mais querido entre todos, a fim de assumir a almejada presidência daquele Centro.

Em verdade, Adalberto enganava a todos, talvez até inconscientemente, pois, em sua mente desequilibrada e influenciada pelos obsessores, ele estava agindo de forma correta, ignorava seus erros, cerrava os olhos para suas atitudes e para os erros que via pela frente, colocando sempre a responsabilidade nos outros, e se iludia, considerando que tudo se resolveria como num passe de mágica, se os Espíritos Superiores resolvessem agir.

Na Esfera Espiritual do Centro Espírita, os Espíritos conversavam a respeito das dificuldades do trabalho:

– Vamos novamente tentar orientá-los como na reunião de hoje? - questionou Jacira, uma Trabalhadora Espiritual do Centro Espírita, para um companheiro que estava ao seu lado, conhecido como Dr. Cesário.

– Tentaremos, minha amiga, mas está difícil. O grupo mediúnico não tem ouvidos para as nossas orientações, mas vamos fazer a nossa parte. O trabalho junto a Cristo é árduo, e estamos em constante luta com os irmãos que desejam ofuscar a luz do nosso Senhor Jesus, contudo seguiremos lutando e persistindo, até quando der.

– Por que diz até quando der? Pensam em desistir do trabalho em algum momento? - perguntou interessado um jovem chamado Lucas, que assistiu aos trabalhos da noite e estava aprendendo sobre a dinâmica de intercâmbio.

— Desistir do trabalho de Jesus Cristo, jamais. Entretanto, se os trabalhadores deste Centro Espírita não se equilibrarem, aqui não teremos espaço para prosseguir e iremos continuar a nossa jornada em outros ambientes. Não temos responsabilidade com o erro, nem coadunamos com as atitudes equivocadas. Infelizmente a administração terrena deste Centro está completamente comprometida com a corrupção; os estudos doutrinários estão fugindo da seriedade e da disciplina. Além do mais, o grupo mediúnico está completamente absorto em suas próprias vaidades e dando cada vez mais espaço para as ações dos nossos irmãos em desequilíbrio - comentou Dr. Cesário com firmeza, elucidando a Jacira e a Lucas.

— Entendi. É, as coisas por aqui estão muito estranhas. Quando fui socorrido, era bem diferente. Será por isso que muita gente não está por aqui? - questionou Lucas.

— Certamente, Lucas. Muitos encarnados que não concordam com o que veem afastaram-se, e muitos de nós, Espíritos que já não encontram mais lugar para trabalhar ou que não concordam com as atuais circunstâncias, têm buscado outros locais para desenvolver as atividades - respondeu Dr. Cesário. — Até mesmo porque, como sempre abordo, os Espíritos também não estão presos a apenas um Centro Espírita ou a uma ou algumas pessoas. A nossa responsabilidade é com Deus, com Cristo e com a Humanidade. E, assim como quando estamos encarnados, temos o nosso livre-arbítrio e não perdemos tempo em ambientes e com pessoas que não estão na mesma sintonia de trabalho.

— Existe algum plano, Dr. Cesário, para fazer o grupo mediúnico despertar para a realidade? Algo mais impactante? - perguntou Jacira.

— Veja, Jacira - respondeu Dr. Cesário pegando algumas anotações para mostrar a ela e a Lucas -, este grupo de Espíritos que busca desequilibrar os trabalhos do Centro Espírita está coordenando um grupo menor de obsessores que tem influenciado Maitê e seus amigos. Vamos tentar despertar Adalberto e Maristela para o caso da filha e, com isso, abranger a todos até chegar aqui na obsessão do Centro. Mas talvez não tenhamos êxito; como puderam ver hoje, eles são resistentes a toda e qualquer orientação que não vá ao encontro do que querem receber. Mas tentaremos.

— Difícil, hein, doutor! Pelo que vejo por aqui, eles são bastante cegos ou hipócritas mesmo, ignoram os erros, fingem que são perfeitos. Eles são meio *paia* - disse Lucas sem papas na língua e de um jeito bem despachado. — E essa doida da Maitê é perturbadinha demais.

— Comporte-se, Lucas, e olhe o linguajar! Não é assim que se fala das pessoas. Já deveria ter aprendido a ter bons modos, menino! - advertiu Jacira.

— Ué, é meu jeito, licença! Pelo menos eu não sou falso. Não ofendi ninguém, só falei o que penso e é a verdade. Posso ser sincero, não posso, doutor? – perguntou o jovem rapaz.

— Pode sim, Lucas, claro que pode. Mas Jacira tem razão, nós precisamos controlar a nossa língua e evitar determinadas afirmativas de baixo teor vibratório. Nós sabemos, sim, que os nossos companheiros estão agindo de forma hipócrita, mas não devemos afirmar isso em tom pejorativo, e, quando necessário abordar a respeito, como fiz agora há pouco, agir com intuito de advertir e elucidar, não de condenar. Sabemos também que Maitê passa por desequilíbrios, e isso reflete um Espírito doente e não uma perturbada. É neste olhar caridoso e amoroso para com as faltas alheias que Jacira lhe orienta a ter cautela. Entende? – respondeu muito sabiamente Dr. Cesário. — Podemos e devemos reconhecer os erros e as falhas, mas isso é diferente de julgar e condenar.

— Desculpem, *tá* certo, *tá* certo. Um dia vou ser assim como vocês! – disse dando um tapinha nos ombros de Dr. Cesário e cutucando a cintura de Jacira, arrancando de ambos um sorriso espontâneo.

Naquela noite a reunião havia transcorrido de forma mais ou menos equilibrada, mas ainda não totalmente satisfatória. Alguns Espíritos amigos conseguiram se comunicar, passando recados de orientação ao estudo e à disciplina, no entanto os conselhos foram ignorados, e nenhum socorro pôde ser realizado porque o grupo mediúnico não estava em harmonia. Naquele dia não foi permitida a entrada dos Espíritos desequilibrados que estavam obsidiando os trabalhadores do Centro Espírita, mas na próxima reunião a presença deles seria permitida, com o objetivo de testar os componentes da mesa. Seria a provação final para a Espiritualidade Amiga decidir qual caminho seguir.

CAP. 08

No Astral Inferior há uma legião de Espíritos propensos ao mal que se aglomeram, formando uma comunidade extrafísica na qual prevalecem sentimentos inadequados, pensamentos e condutas contrárias às Leis de Deus. Essas comunidades são extremamente organizadas e os Espíritos que as coordenam bastante inteligentes.

Tupinambá já vivenciou a situação e conhecia, com isso, bastante acerca dessas regiões, uma vez que ali fez morada enquanto caminhava junto às trevas. Acompanhado de Nídia, Mentora de Carlos, caminhavam pelas ruas sujas, repletas de lama e alvoroçadas, de uma Cidade das Trevas, no Astral Inferior. Construções tenebrosas e malfeitas davam ar aterrorizante ao ambiente; o céu era cinza, escuro, carregado de nuvens densas e havia Espíritos espalhados e jogados por todos os cantos, no chão, com roupas rasgadas e em deplorável estado. A Natureza era morta, e uma forte ventania, com gélido vento, assolava o ambiente.

— Que lugar aterrorizante! Uma pena que muitos irmãos têm satisfação em estar em tão deplorável situação - comentou Nídia, com olhar triste e profundo pesar no coração.

— Irmãos que ainda não conheceram a luz. Um dia despertarão - respondeu Tupinambá, que logo voltou a caminhar em silêncio, até que chegaram a um determinado prédio. Então, ele disse: — Chegamos. É aqui a Central de Comando.

Tupinambá e Nídia chegaram em frente a uma espécie de quartel general do Astral Inferior. Naquele prédio, os comandantes daquela Cidade das Trevas se reuniam para confabular seus planos e também faziam prisioneiros, submetidos a trabalhar em benefício de seus interesses para não sofrerem torturas. Esses Espíritos eram sequestrados pelos obsessores no ato da desencarnação e, por não se conectarem com a Luz Divina, eram reféns de seus algozes.

Recordo-me que eu também fui sequestrada por meus obsessores ao desencarnar. Tola que era, não me conectava com o amor de Deus e coloquei-me em tal situação conflituosa. Graças ao Amparo Divino e o despertar da minha consciência, fui resgatada por Daniel e Catarina[4], antes que mal maior me acontecesse, como acontecia com esses Espíritos que, relutantes em aceitar a Misericórdia Divina, se afundavam cada vez mais no lamaçal do ódio, da revolta e da vingança contra seus inimigos e, principalmente, contra si mesmos.

— Aqui os chefes se reúnem e repassam as ordens aos soldados. Eles possuem uma hierarquia muito organizada. Não será fácil penetrar e avançar para desarmá-los, se esse é seu objetivo - comentou Tupinambá.

— O propósito não é esse, meu amigo. Minha ideia é apenas conhecer o ambiente e como nossos irmãos

---

4 Nota da editora: O resgate de Nancy é narrado na obra *Madame Nancy – A Espanhola*. Disponível em versões impressa e *e-book*.

desequilibrados atuam, bem como evitar que continuem a prejudicar Carlos e seus amigos; com isso, atenderemos também ao objetivo, coordenado por Dr. Cesário, de evitar o desvirtuamento das atividades do Centro Espírita frequentado pela família de Maitê - respondeu Nídia. – Se conseguirmos resgatar alguns dos companheiros que vagam perdidos na ignorância do erro, impedindo-os de seguir de forma contrária aos ensinamentos de Cristo, assim o faremos de bom grado, mas não iremos lutar ou tentar modificar a realidade de nenhum deles à força. Esses Espíritos, por mais equivocados que estejam, estão fazendo uso do seu livre-arbítrio e, infelizmente, angariando mais débitos para si mesmos. Devemos aguardar que despertem para a luz, assim como você despertou no passado.

Ambos seguiram caminhando pelos arredores e, em determinados momentos, ao vê-los, muitos Espíritos fugiam ou gritavam palavras de baixo teor vibratório. A aparência tranquila, as vestes limpas, a luz que emanava deles, eram perturbações para aqueles seres perdidos nas trevas que não aceitavam, de forma alguma, qualquer aproximação. Por isso baixavam suas vibrações a fim de buscar auxiliar um ou outro Espírito que vagava perdido e em lamentos, porém não conseguiram resultados positivos.

Após algum tempo, retornaram e adentraram o prédio da Central de Comando, buscando identificar como eram realizadas as atividades e quais Espíritos estavam à frente das situações. O propósito era encontrar o chefe que organizava a quadrilha espiritual e estava perturbando os jovens tutelados e o Centro Espírita.

– Quando estava entre eles, jamais pensei que éramos visitados por Espíritos Trabalhadores do Bem. Achava que nossa proteção era forte - comentou Tupinambá. – Mas olha só, temos passe livre e eles nem percebem!

– Nada é mais poderoso que Deus. Estamos aqui sob Misericórdia Divina e com Amparo Celeste. Estes irmãos estão tão cegos pela vaidade e pelo orgulho, que consideram que podem impedir a Luz, mas não podem. Nós simplesmente permitimos que eles fiquem em seu mundo achando que comandam, e, mesmo as atitudes nas quais possuem êxito, é porque foram permitidas - comentou Nídia, com voz extremamente dócil e gentil. – Parece clichê, no entanto, no fim, o bem sempre vence.

Adentraram numa sala e lá estava o Espírito responsável por aqueles trabalhos. Conhecido como Magno, era de aparência estarrecedora, com cabelos desgrenhados e dentes podres, com diversas bebidas e cigarros ao seu redor.

– Nosso plano é atacar a loirinha e seus amigos, desestabilizar essa galera toda para termos mais soldados do lado de cá, e atingir o Centro Espírita também. Aquele lugar não vai ficar de pé! - comentava Magno com os seus soldados.

— No Centro Espírita as coisas já estão começando a funcionar, chefe. Muito em virtude do desequilíbrio dos pais da Maitê; eles estão cada vez mais egocêntricos, principalmente Adalberto. É presa fácil! A presidente também, a tal da Matilde, está completamente em nossas mãos. Estamos conseguindo incentivá-la a se achar a última bolacha do pacote e a superpoderosa, a mandachuva. Estamos trabalhando bastante em seu ego. *Tá* se achando o Espírito encarnado mais elevado entre todos, com grandiosa missão espiritual e orientada diretamente pelos baluartes do Espiritismo! Eu sou o próprio Bezerra de Menezes que vou até ela! – comentou um dos soldados, dando uma gargalhada.

Tupinambá e Nídia escutaram mais da conversa e observaram detalhes do plano que os Espíritos comandados por Magno tinham, para que, quando retornassem à Colônia, tivessem preciosas informações que talvez pudessem ajudar em nosso trabalho.

CAP. 09

Algumas horas se passaram. Vimos Maitê e seus amigos saindo bêbados da casa noturna, sendo acompanhados de Dalila e de outros Espíritos obsessores que estavam em constante simbiose e troca energética com eles. Eduardo e Joana estavam mais alterados que os outros, pois também tinham feito uso de entorpecentes.

— Meu Deus, que tristeza vê-los desta forma! – comentou Doralice, com grande pesar. — Estes jovens estão se deixando levar por perversas influências e não se conscientizam do mal que causam para si mesmos.

Acompanhamos os tutelados, enquanto caminhavam alcoolizados pela beira-mar, e víamos o quanto os Espíritos obsessores sugavam-lhe as energias de forma visceral. Se os encarnados pudessem vislumbrar um pouco da cena, jamais se permitiriam àqueles abusos e desequilíbrios.

— Estão olhando o quê? - perguntou Dalila, de forma áspera. — Saiam daqui, seus chatos! *Xô, xô, xô,* não atrapalhem nossa diversão!

— Estamos aqui para auxiliar a cada um de vocês, Dalila. Que tal descortinar uma nova realidade, em que terá paz e tranquilidade? - comentou Alluna, de forma amorosa.

— Que paz e tranquilidade o que, até parece! Eu quero mais é fazer o meu trabalho e vocês estão me atrapalhando! – retrucou a obsessora de Maitê, ríspida.

– E qual é o seu trabalho exatamente? - questionei, interessada.

– Meu trabalho é perturbar a cabeça dessazinha aqui, fazer com que ela pague cada problema que me causou; e também para cumprir as ordens do chefe. Ele me prometeu excelentes recompensas. Olha que maravilha, vou seguir meu intento, meu desejo de acabar com essa garota e ainda ganhar por isso! Então saiam daqui e não me atrapalhem mais! - Dalila fez um gesto de repulsão como que querendo nos afastar para mais longe.

Naquele momento, os outros Espíritos que a acompanhavam começaram a gritar e a nos xingar, pois não queriam que nos aproximássemos e faziam uma roda em torno dos jovens. Era uma cena apavorante! Os jovens estavam completamente dominados e sintonizados com aqueles Espíritos trevosos que tinham plena consciência do que estavam fazendo.

Respeitamos o espaço deles e o livre-arbítrio daquele grupo que estava escolhendo nutrir aquelas companhias. Seguimos acompanhando-os a distância durante algumas horas e, ao raiar do dia, Eduardo pegou as chaves do carro para dar carona aos seus amigos, com o intento de deixar cada um em sua respectiva casa.

Pouco após iniciar a direção em altíssima velocidade, completamente bêbado e drogado, em poucos metros colidiu com um poste. O carro rodopiou e capotou, levando-o a imediato falecimento. Joana também faleceu na hora. Maitê e Carlos tiveram ferimentos, mas ficaram bem, enquanto Débora, apesar de também ter sobrevivido, ficou em estado de coma.

Nunca assisti a uma cena tão devastadora em minha vida! Estava abismada em ver aquele acidente! Foi verdadeiramente chocante ter presenciado aquele momento. Doralice soltou um grito e disse:

— Eu sabia que algo iria acontecer, eu sentia em meu coração que Eduardo sofreria com alguma coisa! - comentou a Mentora, chorando.

— Meu Deus, que tragédia! Irei até a Colônia solicitar o amparo dos nossos amigos experientes em resgates nessas situações. Doralice, acalme-se, não é à toa que Deus colocou em seu coração o desejo de acompanhar Eduardo nesta última noite e lhe deu a certeza de que algo aconteceria. Também não é por acaso que nós estamos reunidos aqui. Poderemos prestar auxílio rápido. Agora é hora de buscarmos o equilíbrio e ajudar - comentou Pedro. — Alluna, chame os companheiros que estão responsáveis pelos outros jovens, por favor.

Pedro desapareceu como fumaça e eu e Doralice nos aproximamos dos jovens acidentados. Os obsessores riam e gargalhavam, fazendo a festa, ainda buscando se alimentar das energias oriundas das substâncias utilizadas pelos jovens e que impregnavam os corpos.

Poucos minutos depois, Pedro retornou com uma equipe de Enfermeiros e Guardas Espirituais. Os Guardas retiraram de perto os obsessores, que tentavam afrontá-los e vociferavam contra a atitude de serem afastados.

— Neste momento vocês não terão liberdade de ação. A Divina Misericórdia irá primeiro socorrer a esses irmãos que necessitam - comentou um dos Guardas, com bastante firmeza na voz. Ele estava vestido com um uniforme em tons verde e branco, semelhante aos militares do Plano Terreno. Seu nome era Romeu.

Os obsessores foram afastados à força dos jovens que estavam desacordados, cujos Espíritos, também desacordados, pairavam desprendidos do corpo físico. Percebi que o fio prata que os ligava ao corpo físico estava muito firme e denso em Maitê, Carlos e Débora. Já em Joana e Eduardo o laço estava rompido, então questionei:

— Porque Joana e Eduardo estão com o fio de prata neste estado? Não é este o fio que liga o Espírito ao corpo físico? - direcionei minha pergunta a Pedro.

— Sim, Nancy, está correto. Infelizmente presenciamos que, tanto Joana quanto Eduardo, desencarnaram, e foi de forma abrupta, antes do planejado, por imprudência - respondeu, de forma simples e objetiva. — Isso lhes acarretará certo sofrimento que será expiado em momento oportuno. Pode ser que o sofrimento se inicie após despertarem, pode ser que não. Não existe regra, até porque não é uma punição. O que existe é a própria consciência pedindo perdão.

— Eduardo iria, segundo seu planejamento reencarnatório, viver até os seus 80 anos de idade e desencarnar de forma natural. Estava em seu planejamento constituir família, ter filhos e tantas outras coisas! Mas ele se desviou do caminho e há muitos anos estava vagando perdido, muito em virtude da displicência de seus pais, mas também por sua própria má escolha de vida, deixando seu lado moral inferior dominá-lo - interveio Doralice. – Com esse comportamento, ele está desencarnando 55 anos antes do previsto! Ou seja, praticamente perdeu a sua encarnação, pois, no breve tempo de juventude, passou a maior parte nesses caminhos tortuosos e nada de bom adquiriu para si, apenas angariou mais débitos.

Naquele momento Alluna retornou trazendo consigo os outros companheiros do nosso grupo de trabalho, bem como os Mentores dos jovens, dentre eles, Médice, o Mentor de Joana, que se aproximou do Espírito da moça, já colocado em uma maca e sendo cuidado por Enfermeiros Espirituais.

Em paralelo a toda a movimentação de socorro acontecendo no Plano Espiritual, no Plano Terreno a movimentação era semelhante. Havia bombeiros, guardas e socorristas, cada um trabalhando em sua área de atuação. Os pais de Maitê foram os primeiros a chegar no local do acidente e, como médicos, buscavam saber informações mais detalhadas do caso e do estado de cada um dos jovens. Sentiram-se aliviados em saber que a filha estava bem, mas ficaram estarrecidos quando souberam que dois dos jovens haviam falecido de forma tão abrupta e que uma estava em coma.

CAP. 10

Os jovens que sobreviveram foram levados ao Hospital em que os pais de Maitê trabalhavam, enquanto os corpos dos recém-desencarnados foram encaminhados ao necrotério.

Maitê estava internada. Enquanto dormia, Pai Abelardo fazia-se presente no ambiente, junto a mim e Pedro, aplicando no Corpo Espiritual da jovem, que pairava alguns centímetros sobre o seu corpo físico, unguentos e emplastros, ambos feitos com ervas, para que os efeitos benéficos dos medicamentos extraídos das plantas fizessem efeito em seu Corpo Espiritual e se refletisse no corpo carnal.

– É muitíssimo interessante essa dinâmica entre os Planos da Vida! - abordei encantada, ao observar a ação de Pai Abelardo. – Estudei muito brevemente sobre estes tratamentos e, agora, vendo com os meus olhos a realidade que se descortina, fico admirada com a sabedoria de Deus, nosso Pai, que nos proporciona todos os meios de cura e os tratamentos para as enfermidades do corpo e da alma.

– Minha *fia*, se todo mundo que *tá* encarnado no planeta soubesse da cura pelas plantas e também sobre como a energia que elas possuem nos ajuda no equilíbrio do campo energético da nossa aura, eles cuidariam melhor das vegetações - comentou Pai Abelardo, enquanto continuava com os cuidados.

– Não podemos nos esquecer que a Medicina está avançando no entendimento a respeito do uso das plantas medicinais e que há pessoas já despertando em relação ao entendimento acerca da energia que possuem. Os círculos acadêmicos estão avançando cada vez mais nas análises e pesquisas. A Humanidade avança na compreensão à medida que o Homem se abre para a Espiritualidade - ponderou Pedro, sabiamente.

– Poderia me explicar melhor sobre esse assunto, Pedro? - perguntei interessada. Até então meus estudos não eram tão aprofundados na temática. Não tenho vergonha de revelar o que não sei. A mim não é qualquer demérito pedir informações e considero que, entre os encarnados, ainda se faz necessário reforçar esta questão, pois um dia já fui também orgulhosa a ponto de ficar sem compreender, mas não dar o braço a torcer admitindo que não sabia. Como era tola!

– É de notório conhecimento dos estudiosos da Terra a eficácia de se utilizar as plantas para cura de doenças e problemas físicos. Os medicamentos utilizados pelos profissionais engajados nessas pesquisas são originados a partir de plantas medicinais. Estes medicamentos podem ser utilizados com objetivos de tratamento, prevenção e cuidados paliativos de enfermidades que assolam o corpo carnal, mas que, sabemos, originam-se no Perispírito enfermo do Espírito em desequilíbrio.

– Estudei que temos diversos corpos sutis. Somos Espíritos, dotados de um corpo físico e, entre o Espírito e o corpo carnal, há esse corpo que citou, o

Perispírito. Entretanto, há também o Corpo Mental entre o Espírito e o Perispírito, bem como o Duplo Etérico, entre o Perispírito e o corpo físico - expliquei, recordando-me do que havia aprendido em uma das aulas de um curso acerca da Espiritualidade que assisti. — Confesso que para mim foram informações impactantes, mas muito ricas e interessantes.

Pai Abelardo deu uma gostosa risadinha e seguia realizando o tratamento em Maitê, com esmero e carinho. Sua aura brilhava e expandia-se alguns centímetros em torno de si. Era o reflexo do Amor e da Caridade na realização da tarefa sublime concedida por Deus.

— Isso mesmo, Nancy - confirmou Pedro. — E, como somos Seres Energéticos, compreendemos que tudo é energia e as plantas também possuem suas energias. Nesse quesito entra outro campo de estudos que visa a analisar a energia das plantas e como podem afetar o nosso campo energético e áureo, se estivermos abertos e dispostos a receber esta troca de forma benéfica, é claro. Esse estudo também colabora no equilíbrio dos centros de força, ou chacras, como são chamados em alguns círculos espiritualistas. - Após breve pausa, prosseguiu: — Minha morada é na Cidade Espiritual Universitária e lá temos muitos centros de estudos, inclusive um Hospital Espiritual Universitário, onde realizamos muitas pesquisas no laboratório, bem como aplicamos testes com elementos da fauna e da flora, com o propósito de curar as doenças e ajudar no equilíbrio energético dos Espíritos encarnados e desencarnados.

– Compreendo. Já ouvi falar nessa cidade e tenho vontade de conhecê-la. Quem sabe um dia! Que magnífico trabalho desenvolvido! E, sem dúvida, fazem sentido as suas explicações, pois se nós, Espíritos, trocamos energia entre nós no Plano Espiritual, no mundo dos encarnados e entre ambas as realidades da vida, é natural que as plantas, que são seres vivos, possuindo também as suas energias, estejam em constante troca e simbiose conosco, bem como estamos conectados com todos os outros elementos que existem no Universo. Entretanto, para muitos esses assuntos podem parecer puro misticismo - ponderei.

– Tudo tem seu tempo, minha *fia*. Tudo tem seu tempo. A verdade vai sendo revelada aos poucos no coração daqueles que estão abertos, sabe? A gente conta um pouquinho aqui, um pouquinho ali. Se *ocê* parar para analisar, em todas as religiões e filosofias que falam do Bem, do Amor e da Caridade há fundamentos que se interligam; basta os nossos irmãos encarnados deixarem de lado o orgulho e o preconceito que possuem uns contra os outros. A gente não concentra as revelações em um só lugar, não, minha *fia*. Eu mesmo *trabaio* em um monte de canto e nem é em todo lugar que me apresento da mesma forma e levo as mesmas lições, *ocê* sabe disso, *num* é? A gente *tá* é em todo lugar aberto para nos receber e falando para quem *tá* disposto a nos ouvir, adaptando *pra* forma que cada um pode aceitar - comentou Pai Abelardo. – Aqui, *óia*, terminei. Esses remedinhos vão ajudar a nossa menina.

Naquele momento, no Plano Terreno, entrou na sala uma enfermeira, responsável pelos cuidados com Maitê e, junto a ela, um Espírito também de uma Enfermeira que estava acompanhando a internação aqui no Plano Espiritual. Pai Abelardo explicou ao Espírito em questão que havia aplicado medicamentos vegetais à base de plantas, como arnica e guiné, elucidando a todos nós os motivos do uso de ambas as plantas, seus benefícios no corpo Perispiritual e Campo Energético de Maitê.

— As plantas são sempre maravilhosas nos tratamentos das enfermidades. Aqui no Hospital, valorizamos muito a Medicina natural, até porque são os caminhos que Deus nos deu naturalmente, não é mesmo? Muito obrigada pela sua ajuda e por compartilhar um pouquinho dos seus conhecimentos - agradeceu a Enfermeira Espiritual, que se retirou da sala logo na sequência, no intuito de prosseguir em seu trabalho de ronda a outros leitos, junto com a enfermeira encarnada.

Os amigos de Maitê, Carlos e Débora, estavam igualmente recebendo amparo e tratamento em ambos os Planos da Vida.

CAP. 11

Os Espíritos Joana e Eduardo, foram levados para o Pronto-Socorro Espiritual do Centro Espírita frequentada pela família de Maitê. Após um período em sono induzido, começaram a ser despertados para receber a orientação necessária. Nenhum dos dois aceitava dialogar passivamente com os Trabalhadores Espirituais e, a todo custo, queriam sair daquele ambiente e buscar respostas por si mesmos. Acreditavam que estavam encarnados e internados à força.

— Eles querem sair a todo custo e estão começando a causar muito tumulto no ambiente. Seria melhor sedá-los novamente? - Jacira questionou a Dr. Cesário, Médico Espiritual responsável pelo tratamento aos Enfermos Espirituais.

— Não, minha amiga. Deixe-os ir. Se eles querem sair, abram-se os portões. - comentou o Médico, enquanto seguia com suas anotações e analisava receituários, como se não estivesse prestando muita atenção ao que Jacira abordava.

— Mas, Dr. Cesário, não seria melhor tentar trabalhar com eles em uma reunião mediúnica a fim de levá-los ao entendimento? Talvez tentar verificar com um dos nossos trabalhadores a possibilidade de trazer algum parente desencarnado que possa orientá-los? Podemos sedá-los pelos próximos dias e tentar colocar em prática essa alternativa, feita com tantos companheiros perturbados - buscou argumentar a dócil Enfermeira que estava com pena de deixá-los sair.

— Exatamente, Jacira.... Este trabalho é feito com muitos, e temos uma fila de atendimentos já programada, e, convenhamos - olhou para ela por cima dos óculos de meia lua que usava -, com o grupo mediúnico deste Centro Espírita não podemos contar muito, não é? Temos que trabalhar praticamente por conta própria, uma vez que as reuniões mediúnicas estão se tornando cada vez mais infrutíferas e, para nós, uma perda de tempo. Não podemos contar com o auxílio deles, pelo contrário, eles que estão precisando de muito auxílio, e, como necessitam de ajuda para si mesmos, não são aptos, no momento, a continuarem ajudando aos outros.

— É verdade. A situação está bem complicada. Eu entendo, mas e quanto aos atendimentos já previstos? Se eles não estão colaborando como deveriam... - Jacira sentou-se em uma cadeira situada em frente a mesa de Dr. Cesário, a fim de ouvi-lo atentamente.

— Vamos fazer o mínimo aqui neste Centro Espírita, por enquanto. Já estou aqui planejando levar os atendimentos mais complexos para outros Centros Espíritas e Tendas Espiritualistas, nas quais tenho contatos e amigos próximos que estão aptos a nos ajudar. - respondeu Dr. Cesário, apresentando para Jacira uma anotação que continha nome, endereço e responsável espiritual pelos locais. — E quanto aos nossos jovens rebeldes, eles irão sofrer pela escolha equivocada, porém, será útil para eles mesmos crescerem, despertarem para a Luz, bem como para nos ajudarem a tentar colocar um pouco de ordem por aqui. Há males que vêm para o bem. - E, olhando novamente para Jacira por cima dos óculos meia-lua, disse: — E eu não sou ruim por permitir isso, estou respeitando o livre-arbítrio deles e tentando reverter a escolha que eles estão fazendo em benefício da coletividade.

— Eu sou um coração mole, Dr. Cesário. O senhor tem razão, a escolha é deles; no entanto eles vão sofrer, coitadinhos! Por mim colocava-os numa redoma e os proibia até terem sanidade para escolherem certo! - comentou Jacira, apertando as mãos em seu peito. — Mas sei que não posso agir assim; Jesus disse que daria a cada um de acordo com as suas obras.

— Por favor, comunique à Doralice e ao Médice a respeito dos intentos de seus pupilos e, consequentemente, aos Espíritos que estão auxiliando-os. Há um projeto de Celso a respeito desses jovens, que envolve formar um grupo de Espíritos para colaborar com os Mentores e colocar essa turma... nos eixos, bem como também nos ajudar a alinhar os trabalhos aqui do Centro Espírita. Bom, a turma desandou um pouco, mas vamos resolver e socorrer, de uma forma ou de outra, tudo dentro do tempo certo.

Dr. Celso Castallani era a roupagem que Pai Aberlado utilizava nos trabalhos daquele Centro Espírita e era a roupagem fluídica mais comum para Dr. Cesário, por isso ele o chamava, comumente, de Celso. Os Espíritos podem apresentar-se de diferentes formas, em diferentes ambientes. No decorrer dos próximos capítulos, vamos adentrar mais um pouco nesse quesito e compreender que muito disso ocorre em virtude do preconceito oriundo de conceitos equivocados propagados pelos encarnados.

Transcorrido algum tempo, os portões espirituais do Centro Espírita foram abertos para Eduardo e Joana, que saíram pelas ruas vagando e buscando falar com os encarnados, que os ignoravam completamente. Estupefatos e perturbados, estavam perdidos cada vez mais e não sabiam como chegar ao endereço de casa.

Encontraram um bar onde jovens universitários bebiam e fumavam, agindo de forma despudorada. Aproximaram-se daquele grupo e começaram a vampirizar suas energias; aqueles Espíritos desequilibrados não se importavam em interagir, comportando-se de maneira instintiva e usufruindo das energias deletérias, emanadas pelo álcool e pela fumaça, as quais os satisfaziam. E, após horas nesse processo, adormeceram, momento em que se aproximaram seus obsessores, sequestrando-os e levando-os como prisioneiros para uma Cidade das Trevas, no Astral Inferior.

CAP. 12

Alguns dias se passaram e Maitê, Carlos e Débora receberam alta e retornaram aos respectivos lares. Os três jovens sobreviventes estavam estarrecidos com o acontecido e sofrendo com o grande choque que foi o acidente e a consequente desencarnação de Eduardo e Joana.

Débora havia despertado do coma, mas ficou extremamente abalada com todo o ocorrido e foi a primeira a buscar auxílio espiritual em uma Tenda Espiritualista, seguindo as orientações intuídas por Liana, sua mentora, e Carmen. Dos três sobreviventes, foi a primeira que se reconectou consigo mesma e com o Amor Divino.

Inicialmente teve receios, por preconceitos que trazia enraizados em seu âmago, mas algo dentro de si pulsava para ela procurar ir até aquela Tenda, que ficava próxima de sua residência e pela qual ela diariamente passava em frente. Até que, inspirada pelos Amigos Espirituais e incentivada por sua mãe, foi fazer uma visita, e chegando lá, conversou com uma amável senhora, que era responsável pelos atendimentos e recebeu desta bondosa alma, uma oração pura e sincera. Naquela circunstância, a senhora, que possuía uma mediunidade ostensiva, estava sob influência mediúnica de um Espírito que se apresentava como uma Preta Velha.

Durante a oração, a senhora realizava a imposição de mãos e fazia movimentos com um ramo de ervas, que continha alecrim, sálvia e arruda, com intuito de efetuar limpeza, reequilíbrio energético e proteção.

Carlos estava absorto em pensamentos e conflitos íntimos. Não aceitava o auxílio dos familiares e amigos e o Amparo Espiritual era igualmente difícil. Logo voltou a sair e a usar de forma desequilibrada a bebida, deixando-se levar pelo vício do uso de elementos ilícitos. Andava pelas ruas da cidade sem destino, em busca de satisfazer as suas compulsões na vã tentativa de esquecer os traumas e problemas da vida.

Maitê estava bastante pensativa sobre as decisões que estava tomando e, pelo choque, buscou apegar-se à Espiritualidade, mudando o seu padrão vibratório. A prece e a oração retornaram ao seu cotidiano, reavivando em seu coração os sentimentos adormecidos que lhe foram cultivados desde tenra idade, o que gerava desprezo em Dalila, que nutria raiva em ver que não conseguia mais influenciar tão ativamente Maitê nos caminhos da vaidade e da sexualidade desregrada. Seus pais a convidaram para retornar ao Centro Espírita, porém ela sequer cogitava a possibilidade, pois era um local pelo qual tinha aversão, e, como consequência, não queria ler nada que lhe relembrasse o ambiente; por isso buscava a Espiritualidade, mas fugia de ler ou se conectar novamente com o Espiritismo. Infelizmente ela misturava as más experiências no Movimento Espírita com a Doutrina Espírita.

Tal mudança de padrão vibratório facilitava nossa ação em benefício de sua recuperação e reforma íntima, bem como dificultava os intentos de Dalila, que, como dito, estava cada vez mais revoltada com a situação e buscando desenvolver artimanhas para tentar perturbá-la de alguma outra forma.

Maitê não mudou da água para o vinho, naturalmente tinha momentos de recaída e vacilava e, naqueles momentos, Dalila conseguia dar vazão aos seus intentos. Entretanto um primeiro passo já estava sendo dado para isso se modificar. Tudo ocorre aos poucos.

Reunidos em uma roda de conversa, nós, o grupo de Espíritos coordenado por Pai Abelardo e os Mentores dos nossos tutelados, estávamos discutindo os recentes acontecimentos e planejando os passos futuros.

– Eu fiquei espantada com a organização dos Espíritos voltados ao mal, em uma Cidade das Trevas que visitei com Tupinambá - comentou Nídia. – O local é assombroso, uma ventania, ambiente gélido, sujo, escuro.... Nossa, só de me recordar, me dá arrepios! Não sei como os Espíritos consideram que ali é um bom lugar para estar; como acham que merecem isso?

– A respeito de suas ponderações, há dois fatos a analisarmos, Nídia - iniciou Shaiany. – Primeiro, com relação à organização dessa Cidade das Trevas que visitou, da mesma forma que aqui, em uma

Colônia Espiritual voltada ao bem, há toda uma organização, disciplina e hierarquia, por lá não seria diferente e isso é racional. Veja, os Espíritos se organizam por afinidade e em toda sociedade é necessário haver organização. Uns usam a organização de forma benéfica, outros de forma negativa, equivalente ao que ocorre no Plano Terreno. - Após breve pausa, prosseguiu: — E, quanto aos Espíritos satisfazerem-se com um ambiente tão ruim, é reflexo da falta de amor-próprio e da falta de compreensão acerca da Misericórdia Divina. São, em verdade, sofredores, que se martirizam buscando se punir por equívocos pretéritos. Não é Deus quem os está punindo ou colocando-os nessa posição deplorável, são eles mesmos.

— Eu fui um deles. Graças a Deus modifiquei meus padrões e fui resgatado do Astral Inferior. Hoje trabalho para o Bem e para o Amor. Despertei para a realidade e reconheci que eu era meu principal algoz - falou Tupinambá.

— E, assim como o nosso amigo que nos deu esse depoimento, todos que lá estão, podem, amanhã, estar junto de nós no trabalho em benefício de outros que ainda estarão na dor. Nenhum Espírito permanece eternamente no erro e nas falhas, contrariando as Leis de Deus. Nenhum Espírito é tão perverso que não tenha dentro de si nenhuma centelha do Amor Divino, por mais que ele relute em aceitar isso - Shaiany finalizou sua explanação com doces palavras que soavam como prece aos nossos ouvidos.

— Carlos, apesar de encarnado, também está completamente conectado com o Astral Inferior. Segue um caminho cada vez mais tortuoso. Saiu de casa, vaga pelas ruas da cidade atrás de bebidas e entorpecentes. A família praticamente deixou-o de lado. Ele angaria débitos para si mesmo e os familiares também, por não cumprirem com o seu papel. Mas fazemos a nossa parte para auxiliar como podemos – comentou Nídia, dando as mãos a Tupinambá, em um gesto carinhoso e de afeto.

Todos os Mentores relataram o estado de seus tutelados e Doralice estava bastante abalada com o destino traçado por Eduardo. Não pensem que os Mentores são insensíveis às dores dos encarnados e que vivem em um patamar distante. O apoio de Alluna, Médice e Saiorai estava fazendo muito bem para ela. Os quatro se ajudavam, se apoiavam e pensavam em formas de ajudar seus tutelados.

Após a reunião findar, Alluna solicitou conversar particularmente com Tupinambá. Ela desejava compreender como era o trabalho desenvolvido pelos Espíritos tendentes ao mal, para poder colaborar melhor nos trabalhos que estavam sendo realizados pelo grupo.

— Eu gostaria de visitar essa Cidade das Trevas com você e Nídia, quando forem em uma próxima vez. Tenho conversado muito com Doralice e talvez, com esse conhecimento, possa colaborar com ela no caso de Eduardo. Mas não gostaria de levá-la inicialmente, gostaria de apresentar a ela uma alternativa, a fim de ajudá-la e não lhe levar mais pesos - abordou Alluna, de forma ágil e energética.

— Para disfarçar, acredito que não seja interessante nem Médice nem Saiorai irem também - abordou Nídia, que estava próxima e participando da conversa. — Costumamos demorar um bom tempo quando vamos, pois, é bastante complicado, o ambiente tem muitas nuances e é bem denso. Precisamos nos preparar muito para descer ao Astral Inferior e depois nos recompormos para regressar às atividades - completou, elucidando a complexidade do trabalho, e finalizou: — Qual desculpa vai usar para fugir de Doralice? Vocês estão sempre juntas. Não podemos mentir para nossos amigos, eles leem pensamentos! - brincou.

— Mas eu não vou mentir. Vou dizer que vou dar uma saidinha e vou dizer que... - comentou, olhando ao redor, e me avistou conversando com Pai Abelardo. Então, disse: — Vou dizer que vou dar um passeio com Madame Nancy para colocarmos o papo em dia e fazer umas visitas importantes com minha querida amiga! Venha cá, perto de nós, Nancy! - E fez um gesto chamando-me para junto deles.

Aproximei-me e fui informada de que estava nos planos de Alluna para fazer com ela um "simples passeio" por uma Cidade das Trevas! Onde ela estava com a cabeça de me colocar em tal situação e ainda sem eu ter ideia de seus planos? Estava louca?

Confesso que pensei.

— Alluna, você enlouqueceu? Você está achando que ir ao Astral Inferior é uma excursão e coloca as pessoas no "passeio" sem saber se elas desejam ir ou não? Se elas podem ir ou não? Estou te desconhecendo, sempre foi tão sensata - abordei-a embravecida, confesso!

— Eu sei que há de se ter um planejamento e minha ideia é para contribuir no nosso trabalho. Eu me "autoconvidei" para ir com Nídia e Tupinambá e tive a ideia de levar você comigo, admito que como uma desculpa para disfarçar para Doralice o meu sumiço, mas vai ser ótimo para nós duas e eu tenho certeza que Pai Abelardo vai autorizar. Você mesma disse que eu sempre fui sensata, então não vai ser agora que ele vai me achar uma louca desequilibrada porque tive essa ideia - comentou Alluna divertidamente, rindo e me abraçando.

Nós, aqui do outro lado da vida, continuamos a ser os mesmos, brincamos, planejamos, nos divertirmos, nos irritamos, nos afeiçoamos, nos chateamos, nos apaixonamos, etc. Todos os sentimentos e atitudes que os encarnados possuem, nós também possuímos, pois somos os mesmos, apenas sem a carne. Sempre gosto de refletir nisso quando trago fatos corriqueiros do dia a dia e que podem espantar a muitos ortodoxos, que pensam que viramos anjos perfeitos simplesmente porque morremos, ou que evoluímos de forma demasiada simplesmente pelo fato da morte.

Aproximamo-nos de Pai Abelardo e Alluna detalhou suas ideias, as quais foram aprovadas e muito elogiadas pelo amigo.

– É mesmo importante *pra* Nancy regressar até essas regiões, agora *pra* poder ajudar e *trabaiá*, inclusive com a moça Dalila. Ela mora nesse lugar e está junto dos Espíritos que vivem lá. A Alluna, sem saber de detalhes do seu caso, te trouxe mais um caminho de *trabaio* - comentou Pai Abelardo dando uma risadinha. – Agora, Nancy, eu quero te apresentar alguns amigos. Vem comigo, minha *fia*. Vamos lá no Centro Espírita.

CAP. 13

Chegamos ao Centro Espírita. O ambiente estava calmo e tranquilo na Esfera Espiritual. Um lugar de paz. Porém o mesmo não acontecia na esfera dos encarnados. Uma reunião ocorria entre os diretores do Centro e os ânimos começavam a se aflorar. No exterior, Espíritos ainda voltados ao mal, apesar de não poderem adentrar o local, estavam conseguindo influenciar os encarnados por meio da hipnose mental.

Pai Abelardo, transfigurado na aparência do médico Dr. Celso Castallani, comentou:

— Triste realidade, não é, minha filha? Infelizmente esses Espíritos que ainda desconhecem o amor de Jesus Cristo estão conseguindo o intento que desejam, ou seja, desestabilizar os trabalhos na Seara do Mestre e Divino Pastor. Como pode perceber, temos uma proteção que impede que adentrem aqui e perturbem o Trabalho Espiritual. Entretanto, estão conseguindo instalar o caos no ambiente terreno, e isso tem começado a afetar nossos trabalhos aqui deste lado. Já não temos a mesma dinâmica de antes, por falta dos trabalhadores encarnados.

Fiquei em silêncio observando as cenas que se desenrolavam e, após breve período, fomos caminhando pelo Ambiente Espiritual do Centro, até adentrarmos uma sala em que estavam Dr. Cesário, Jacira e Lucas.

— Celso, que saudades, meu bom amigo! - levantou-se Dr. Cesário para cumprimentá-lo, bem como a mim, com extrema cordialidade e simpatia. – Qual a sua graça? - perguntou-me.

– *Yo soy Madame Nancy - la española*! - respondi alegremente, abrindo meu leque e dando um vasto sorriso.

– É sempre gratificante estarmos junto a corações amigos! Estou trabalhando com esta bela dama no caso de Maitê e seus amigos, que engloba também buscar auxiliar, de certa forma, este Centro, que não está nos melhores momentos - comentou Pai Abelardo/Dr. Celso.

– Ih, a cada dia que esse pessoal se encontra é uma briga diferente, eu nunca vi isso. *Tá* ficando chato já. Por mim eu nem chego perto deles, energia horrível - Lucas falava fazendo um tremelique com o corpo. – Daqui a pouco esse povo que *tá* lá fora vai dominar tudo isso daqui. Vocês viram como eles são? - comentou o jovem Lucas, de forma despojada e sem pudores, olhando por uma janela.

– Ele é bem sincero e não tem papas na língua - comentou Jacira. – Já falei para observar melhor a forma de falar, mas sou obrigada a concordar com esse garoto. A situação está ficando complicada e não podemos mais contar com os encarnados para muitos dos trabalhos que deveríamos realizar, estamos tendo que transferir muitas atividades para outros locais - finalizou, com pesar.

Enquanto Lucas e Jacira teciam aqueles comentários, Dr. Cesário me fitava com um ar de curiosidade, quando comentou:

— Noto que você é bastante expansiva e alegre. Parece não ter melindres e gosta de desafios. Está disposta a ouvir um convite?

— *Yo estoy*! - respondi teatralmente, fazendo um gesto com as mãos. — Madame Nancy está sempre disposta a colaborar em benefício dos que mais necessitam. Já errei muito quando encarnada, agora é hora de reparar os erros. Trabalhar no bem nunca é demais! Tenho acompanhado Maitê junto a Pedro. Seria algo a ser realizado com ela neste Centro, local que, inclusive, ela tem aversão?

— Exatamente. Muito esperta! Minha proposta é que tente se comunicar com o grupo mediúnico com o propósito de orientar Adalberto e Maristela, pais de Maitê, sobre o processo obsessivo que a filha tem passado. Caso eles compreendam e aceitem, introduzimos a questão do processo obsessivo que eles mesmos têm passado e, consequentemente, o Centro Espírita - explicou-nos detalhadamente, Dr. Cesário. — De fato, as chances de eles despertarem são poucas, mas acho que podemos tentar!

Acertamos os detalhes de como ocorreria a abordagem. Passaram-se alguns dias e fiquei acompanhando a rotina de Maitê e de seus familiares de perto. Ela havia regressado ao lar e estava sob os cuidados dos seus avós. Seus pais logo retornaram para a vida corrida e não lhe davam a devida atenção, falhando no compromisso familiar. Quando tinham tempo livre, dedicavam-se aos afazeres do Centro Espírita, principalmente o seu pai. Adalberto tinha uma fixação por se tornar cada vez mais importante. Neste período de tempo também visitei o Astral Inferior com Alluna, Tupinambá e Nídia.

Eu buscava, junto com Pedro, me aproximar cada vez mais da nossa jovem tutelada. Maitê tinha sensibilidade mediúnica, no entanto nunca quis desenvolvê-la, principalmente devido aos traumas trazidos pelas experiências negativas no Centro. Aproveitando que estava em recuperação do trauma do acidente e, consequentemente, com a fé mais fortalecida e barreiras de acesso menos densas, tentávamos, dia após dia, nos fazer mais presentes e sutilmente próximos.

Porém, ainda, em determinados momentos, ela caía na influência de Dalila, as barreiras voltavam a aumentar e ela tornava-se totalmente desequilibrada. Foram dias lutando com isso, um grande jogo de influências. O processo cíclico comentado em linhas anteriores continuava, porém avançávamos cada vez mais no intento positivo.

Na noite anterior à reunião mediúnica em que tentaria me comunicar com Maristela e Adalberto, conseguimos, eu e Pedro, encontrar com Maitê em sonho. Então, a incentivamos a realizar a leitura do Evangelho e fazer uma oração com regularidade, para que se fortalecesse ainda mais e conseguíssemos manter a conexão com a nossa tutelada, visando ampará-la e orientá-la.

— Que saudades de você! - correu Maitê para os braços de Pedro, abraçando-o!

— Eu estou sempre aqui, menina! É você quem não tem andado com suas anteninhas sintonizadas comigo - falou Pedro, apontando para si mesmo. — A mocinha está muito rebelde. Você sabe que não aprovo as coisas que andava fazendo, não está certo, Maitê! Você teve que quase morrer para tomar um susto e sossegar um pouco. E mesmo assim tem hora que você fica perdidinha - comentou, mexendo nos cabelos dela, bagunçando-os de leve.

— Ai, deixa de ser enjoado! Só sabe me dar sermão. E para de bagunçar meu cabelo que não sou mais nenhuma criança - reclamou Maitê, passando a mão e ajeitando os fios que ficaram desgrenhados. — E quem é a sua amiga?

— *Yo soy Madame Nancy! És muy bela!* - apresentei-me. — Prazer em conhecê-la. Venho te acompanhando já há algum tempo junto com Pedro. - O Mentor me olhava assertivamente e continuei: — Estou aqui para te ajudar. Eu já fui como você. Era vaidosa, inconsequente, agi de forma desequilibrada e sofri as consequências. Morri doente, o fumo e a bebida me prejudicaram, o desequilíbrio nessas áreas, bem como na sexual, atraíram para perto de mim Espíritos obsessores, fui sequestrada após a morte, mas resgatada graças à Misericórdia de Deus, e hoje trabalho buscando ajudar. Não desejo que você sofra o que sofri. Então venho amorosamente te alertar que ainda há tempo de mudar! Você é jovem, tem a vida pela frente! Aproveite a sua encarnação. Você é tão linda, Maitê, tão bela, charmosa, educada, inteligente... use isso para o bem! Além do que, você sabe que tem uma mediunidade que deve ser desenvolvida e isso independe de estar ou não dentro de um Centro Espírita. Não use as suas experiências negativas no campo da religiosidade para justificar as suas falhas. A Espiritualidade não depende de religiões ou de templos específicos. Pense nisso.

Maitê foi ficando emocionada. Aproximei-me dela, segurei em suas mãos, olhei dentro de seus olhos e continuei a orientá-la com palavras que provinham do fundo de meu coração. Pedro aproveitou a oportunidade, abraçou-a e também transmitiu a ela belas explicações e lições.

A jovem acordou serena e tranquila, estava em paz. Recordava-se do sonho, mas, ao narra-lo aos seus avós maternos, seu avô a repreendeu:

— Que coisa estranha, um Espírito bom não tem a aparência dessa tal mulher de vermelho. Você mais parece que está descrevendo uma Pombagira. Deve ser uma obsessora que te influencia a seguir desregrada como você tem andado e está te enganando. Os obsessores são ardilosos, usam discursos comoventes só para nos ter em suas mãos! Você precisa retornar aos estudos doutrinários no Centro Espírita para não se iludir com os pseudossábios e mistificadores

- respondeu seu avô, de forma incisiva e completamente preconceituosa, ignorando totalmente as lições que Maitê narrava e se prendendo apenas à minha aparência. – Você vê que esse Espírito não presta só pela aparência dele; Espírito de Luz usa branco, tons claros, nada mais. Veja se pode uma coisa dessas!

– Eu também não gostei da descrição que você fez, minha neta. Uma mulher tão vaidosa não é um Espírito de Luz, seu avô tem razão. Ainda mais que ela mesma assume ter feito coisas erradas no passado, veja que não tem condições de ajudar ninguém, e sim precisa ser ajudada, até porque não foi capaz de evoluir em sua aparência. Veja a incoerência. A obsessora falhou em tentar te enganar. Eles sempre falham em algo. Escute seus avós, nós temos vasto estudo doutrinário, somos Espíritas há mais de 50 anos e já tivemos posições de liderança no Centro Espírita, sabemos o que estamos falando. Essa daí é um Espírito que deve estar nos Vales de Sofrimento. Está perdida, querendo te enganar. Esses irmãos sofrem muito e o que podemos fazer é orar por ela, ajudá-la. Seu avô está certo, os Espíritos de Luz são simples, vestem roupas claras, têm linguajar elegante, até difícil de entendermos, muitas vezes, e possuem vidas ilibadas, são santos na Terra. Cuidado, minha neta! Essa moça que te apareceu não parece ser evoluída como os grandes nomes que conhecemos no meio espírita - abordou a avó de Maitê, que igualmente seguia um pensamento preconceituoso e completamente sem fundamento.

CAP. 14

Assistíamos, no Plano Espiritual, à cena que se desenrolava no café da manhã, em tela que nos era projetada. Eu, Pedro, Pai Abelardo/Dr. Celso, Dr. Cesário, Jacira e Lucas estávamos reunidos no Centro Espírita.

— Estou estarrecida que todas as minhas lições foram ignoradas por esses senhores! Eles estão sendo completamente intolerantes e preconceituosos comigo, minha história e minha aparência. Estão mais atrapalhando o nosso trabalho do que colaborando. Meu Deus! - comentei, um pouco brava e chateada, confesso.

— É, galera. Não é mole, não. O pessoal não ajuda em nada mesmo, cada vez mais só atrapalha - Lucas disse, levantando-se e indo observar pela janela, ato que ele adorava fazer. — Olha só, a galerinha do mal continua ali fora fazendo acampamento. Eles não desistem mesmo, né? Isso que eu chamo de força de vontade e foco, parecem até os adolescentes que acampam *pra* ir *pra* show - disse, rindo.

— A nossa luta é árdua, mas não vamos desanimar. Nancy e Pedro, aproximem-se novamente de Maitê e busquem incentivá-la a não seguir o pensamento dos avós. Tais falas são reflexo do preconceito de ambos, ideias equivocadas que fazem dos Espíritos, além disso, também sofrem influência de Dalila, que já iniciou, inclusive, o processo obsessivo de fixar essas ideias neles para influenciar Maitê. - orientou-nos Dr. Cesário.

— Dalila é realmente persistente, mas uma hora irá se cansar - comentou Pedro.

— Iremos tentar afastá-la, realizando seu resgate no Astral Inferior junto a outros Espíritos na noite de hoje, durante a reunião mediúnica. Enquanto atuamos por aqui, Alluna e alguns dos seus amigos estarão atuando no Astral Inferior. Será um trabalho denso. Esse acampamento que os Espíritos em desequilíbrio estão montando é para tentarem invadir os trabalhos da noite. Lucas brinca, mas é algo sério. Vamos proteger o ambiente; chamaremos reforço e Espíritos da Guarda Espiritual que irão nos amparar. Entretanto, caberá aos médiuns decidirem qual lado vai vencer na batalha de hoje. Permitiremos a entrada de alguns dos obsessores a fim de testar o grupo mediúnico - comentou Dr. Cesário, de forma séria e levantando-se da mesa.

— Infelizmente, Nancy, os avós de Maitê reproduzem o senso comum. Eles são reflexo do grupo de Espíritas que acreditam que Espíritos bons só podem andar de branco, são médicos, enfermeiras, padres, freiras, pessoas cultas. Os pais de Maitê também refletem esse padrão de comportamento - comentou Pai Abelardo/Dr. Celso. — Por qual motivo você acha que eu apareço nos trabalhos aqui deste Centro Espírita como médico? Infelizmente o grupo mediúnico é preconceituoso e não estuda a Doutrina Espírita como deveria; há médiuns da mesa que nunca puseram a mão em *O Livro dos Médiuns*, de Allan Kardec, por isso nutrem ideias equivocadas, pois, se realmente estudassem, compreendessem e internalizassem o que estivessem estudando, jamais teriam qualquer tipo de preconceito desse tipo. Aqui neste Centro eles não aceitam a manifestação de um Preto Velho, nem de outras representações. Eu posso ter a aparência que bem desejar, usar as roupas que quiser plasmar e a forma de falar não representa mais ou menos a minha sabedoria, a minha inteligência ou a minha cultura como Espírito Imortal, mas não cabe a mim convencê-los disso à força.

— Eu compreendo, estudei sobre isso. Inclusive tenho consciência de que poderia também mudar minha aparência, minhas vestimentas, mas opto por me manter como Madame Nancy. Para os trabalhos da noite, consideram que deveria me vestir de outra forma? - questionei, preocupada.

— Consideramos que não, Nancy. Pode se apresentar dessa forma. Será também um último teste para todo o grupo mediúnico. Como os pais de Maitê seguem a mesma linha de pensamentos dos avós da jovem, provavelmente irão lhe considerar uma Pombagira, mas pode ser que algum outro membro da reunião mediúnica, talvez algum dos novatos que começaram a frequentar recentemente, apesar de não terem qualquer estudo, sejam esquivados dos preconceitos e os leve à elucidação pelo bom senso. Analisaremos o transcorrer do caso - ponderou Pai Abelardo/Dr. Celso.

— Está certo, meu amigo. Manter essa aparência

e buscar orientar os que estão dispostos a ouvir que os Espíritos não possuem padrão de vestimenta e aparência é um desafio e tanto. Espero lograr êxito. Obrigada pela confiança que em mim depositam e por me concederem a graça de ser uma trabalhadora junto a vocês - compartilhei emocionada os pensamentos que me afloravam.

— Meus amigos, a Doutrina Espírita é boa e pura, mas muitos dos encarnados que compõem o Movimento Espírita distorcem algumas das lições da Doutrina, escolhem alguns fatos para aceitar, outros para refutar. Reflexo do Homem imperfeito que habita o planeta. Em todas as filosofias religiosas há os bons trabalhadores e os trabalhadores que ainda estão propensos ao mal - abordou Dr. Cesário. — Como nosso amigo Celso comentou, os avós de Maitê reproduzem um preconceito que é lamentável e demonstra a falta de compreensão que possuem. Vejam que eles colocam a aparência de Madame Nancy como maior destaque de suas análises, ao invés da mensagem, conforme o próprio Codificador, Allan Kardec, nos orientou inclusive. Eles a colocam, pela forma que se veste, como um Espírito inferior. Além disso, ignoram as lições trazidas e se detêm na análise superficial e dos erros do passado. Estão indo na direção contrária ao que o Espiritismo prega, mas usam a Doutrina para justificar suas ideias equivocadas. Rotulam-na negativamente de Pombagira, reforçando o estereótipo e a crença popular de que Espíritos assim chamados são necessariamente de ordem inferior na escala evolutiva, o que também está equivocado.

— Mas existe Pombagira no Plano Espiritual? O que é essa tal Pombagira, afinal? - perguntou Lucas, curioso.

— As chamadas Pombagiras são Espíritos de aparência perispiritual feminina, conhecidas por nossos irmãos de outras crenças espiritualistas como trabalhadoras de uma Falange de Espíritos do Bem, consideradas Guardiãs. A versão masculina das Entidades das Falanges das Pombagiras é o que eles chamam de Exus - explicou Pai Abelardo/Dr. Celso. — Os Espíritos que trabalham na Guarda Espiritual e protegem os Ambientes Espirituais como um todo, por exemplo, para alguns irmãos espiritualistas são os Exus e as Pombagiras, pois possuem justamente a função de proteger os ambientes, as pessoas. Só muda o nome. E, quanto à aparência, ela é moldada, muitas vezes, apenas para se adaptar aos ambientes e às pessoas, assim como eu faço - finalizou.

— Nossa, que interessante saber disso! Um mundão de informação. Que maneiro! - comentou Lucas, interessado.

— Importante ressaltar que os termos Pombagira e Exu, além de serem usados para se reportar a Entidades, como no caso que estamos comentando, também podem ser empregados por alguns irmãos espiritualistas em referência ao que eles consideram como Orixá, mas esta seria uma outra ponderação, cujo entendimento chegará para você no momento oportuno, Lucas.

– *Yo soy Madame Nancy, la española* e agora também Pombagira! - falei em tom alegre, abrindo meu leque, gargalhando a dando um rodopio. – Se é assim que querem me chamar, que chamem! Pombagira é só uma personalidade para quem já teve muitas personalidades! Agora *estoy* com mais uma! Se acham que isso me ofende, não vejo nenhum problema, muito pelo contrário!

– Nas Tendas Espiritualistas sérias, as Falanges que se identificam como Pombagiras possuem belíssimos trabalhos, inclusive em casos como os de Maitê. Popularmente as Pombagiras são consideradas mulheres sem conduta moral elevada, desregradas, mas essas são apenas crenças limitantes de quem desconhece o trabalho destes Espíritos. O mesmo ocorre com os Exus, que são vistos como demônios, ou os Pretos Velhos, os Ciganos, os Caboclos e os chamados Erês, Espíritos que se apresentam como crianças. Todas estas Falanges são consideradas equivocadamente como Espíritos atrasados, que precisam evoluir e aprender. Todos esses preconceitos são inadequados e, como temos analisado, é inadmissível existirem por parte dos Espíritas que por vezes se prendem à pureza doutrinária da teoria dos livros e não observam ao redor, buscam levar tudo ao pé da letra fria e perdem o discernimento de interpretação da realidade. Com isso, caem em equívocos como esses, de ideias preconcebidas, preconceituosas e incoerentes - afirmou Jacira, que até o momento estava em silêncio, observando.

— Quem disse que todo Espírito que se apresenta como criança tem que crescer e ficar como adulto para evoluir? A criança não pode ter sabedoria? O Espírito não pode escolher manter essa forma perispiritual? O que definiu que Espírito de um médico europeu é sábio e de Preto Velho escravizado da África é ignorante, a não ser a mente preconceituosa e racista da sociedade? – refletiu Pai Abelardo/Dr. Celso.

— Vejam o meu caso, por exemplo, sou enfermeira e visto-me como freira, mas, para os nossos irmãos deste Centro Espírita, isso é normal e sou evoluidíssima. Coitada de mim! Sou pecadora e cheia de erros, muito mais que muitas das consideradas Pombagiras! Tenho esta aparência porque, assim como Nancy, é a aparência com a qual mais me identifico, de uma de minhas encarnações. Mas por qual motivo eu posso aparecer como freira e ser evoluída e Nancy aparecer com seu vestido vermelho, com trajes tipicamente de uma espanhola e ser tachada de pseudossábia e obsessora e, por isso, considerada como Pombagira? Se for pela aparência, eu também sou como ela, igualmente estou presa a uma aparência que prefiro; logo, sequer deveria ser considerada evoluída, estou apegada e, pasmem, não uso branco, minhas vestes são cinza-claro e pretas, mas sou aceita pelos trajes de freira. Qualquer Espírito perturbador pode se fazer passar por freira que muitos deles vão aceitar, simplesmente pela cultura de achar que Espírito com essa aparência é evoluído.

— Trazendo um bom exemplo, a nossa amiga

Carmen, que em sua última reencarnação viveu como Cigana, está conseguindo auxiliar Débora com o trabalho realizado em uma Tenda Espiritualista. A Mentora da jovem, Liana, tem me dado ótimos relatórios e avanços quanto ao caso. Débora tem, inclusive, frequentado algumas reuniões nessa Tenda e está sendo muito ajudada. O Ambiente Espiritual é belíssimo, muito bem equipado e preparado, bem como os trabalhadores e médiuns completamente equilibrados. Já tive a oportunidade de visitá-los na aparência de Preto Velho e fiquei verdadeiramente encantado com a qualidade dos trabalhos desses amigos, que até se prontificaram para nos ajudar com as demandas daqui - comentou Pai Abelardo/ Dr. Celso, informação que deixou Dr. Cesário feliz. Era mais um Ponto de Luz que poderia colaborar nas demandas necessárias.

— Só filosofia aqui, hein? Vocês são *top*! Eu vou ser como vocês um dia! - disse Lucas, olhando para todos admirado. Ele era muito espontâneo e sempre nos tirava boas risadas. — Mas, hein, não têm Espíritos que tentam se aproveitar dessa imagem que as pessoas têm dessas Falanges para enganá-las?

— Claro que tem, Lucas. Nesse caso são os Espíritos levianos. Eles se aproveitam das crendices para enganar as pessoas e fazer com que mais preconceito se espalhe. Além deles, há também os Espíritos que conscientemente querem atrapalhar e são propensos ao mal. Da mesma forma que fingem ser Espíritos de médicos, padres e freiras nos Centros Espíritas e trazem conteúdos lamentáveis em suas mensagens, há os que fingem ser Pombagiras, Exus, dentre outras Falanges, para enganar, ludibriar e alimentar seus próprios vícios, incentivando os médiuns ao uso desequilibrado de bebidas, fumo e outros elementos que, na cultura Espiritualista e nos trabalhos realizados em algumas Tendas, não são utilizados com fins de incentivo ao alcoolismo ou ao tabagismo, e, sim, como elementos que terão seus fluidos manipulados pelo Astral Superior para a realização dos trabalhos espirituais. Porém não são todos os médiuns que se utilizam desses elementos e têm esse entendimento, há aqueles que compreendem que não são necessários. Recomendo que busque pesquisar mais a respeito, já que é um rapaz bastante curioso. Se entrássemos na análise dessas questões agora, levaríamos um bom tempo filosofando, como você diz - comentou Dr. Cesário, em complemento às lições trazidas por Pai Abelardo/Dr. Celso e Jacira. - Nós respeitamos todas as manifestações de crença religiosa e, desde que não se faça o mal, cada um é livre para seguir seu caminho. Cada um dos encarnados está em um nível de evolução e não nos cabe julgar que este ou aquele é superior ou mais evoluído que outro por ter esta ou aquela cultura.

Era chegado o momento da reunião mediúnica. Estávamos apreensivos, mas com fé que conseguiríamos atuar em benefício dos que mais necessitavam.

CAP. 15

Alluna, Tupinambá e Nídia aproximavam-se do ambiente em que Dalila estava, junto com outros Espíritos perdidos e sofredores no Astral Inferior. Enquanto trabalhávamos no Centro Espírita, buscando orientar e alertar o grupo mediúnico eles atuavam naquela Região Espiritual para nos ajudar na tarefa.

Magno, o chefe daquela Falange de trabalhadores contrários ao Cristo, percebia que os trabalhadores do Bem Maior estavam agindo e deu ordens aos seus seguidores para cumprirem o que deveria ser feito e desapareceu, esquivando-se de qualquer contato, a não ser quando partia dele buscar se conectar. Contudo, continuava a observar as ações dos seus seguidores e o avanço dos trabalhos que tinham que ser realizados.

Dalila e outros Espíritos estavam debatendo quais seriam os próximos passos. Alguns, como ela, sentiam-se abandonados por aquele que consideravam como o responsável principal de seus trabalhos, já outros sentiam-se satisfeitos porque acreditavam que era uma oportunidade de terem destaque.

— O chefe simplesmente nos abandonou na enrascada! Desapareceu, deixando ordens a serem cumpridas e ameaças, se não agirmos como ele deseja. Eu não me conformo! - comentou Dalila ferozmente.

— Cala a sua boca e cumpre o que tem que fazer, ou quer arriscar e ver o que vai te acontecer? - respondeu em revide um Espírito autoritário, chamado

Alexandre, que se sentia muito importante e o braço direito de Magno.

Alluna, Tupinambá e Nídia observavam com tristeza a cena que se desenrolava e aguardavam Dalila estar sozinha para poderem agir. Alluna fez-se visível e tentou se aproximar daquele Espírito rebelde que andava perdido pelas ruas empoeiradas e lamacentas, após o desentendimento anteriormente narrado.

— Boa tarde, Dalila. Tudo bem com você, minha irmã? - abordou Alluna, colocando as mãos no ombro de Dalila e abrindo um leve sorriso.

— Quem é você, ô criatura estranha? - respondeu Dalila, olhando-a de cima a baixo e afastando-se, sendo bastante ríspida. — Já *tô* vendo que seu lugar não é aqui, toda de rosinha-claro, toda cheirosinha. *Tá* é querendo o que comigo? Não me enche a paciência não, *xô*!

— Quanta revolta e amargura em seu coração. Eu não fiz absolutamente nada para você, nem contra você. Aliás, nós sequer nos conhecemos. Estou em missão de paz e quero conversar simplesmente, ajudá-la. Eu sei que você está com medo, está insatisfeita com a vida que leva e venho tentar trazer um pouco de auxílio para você. Por que não me acompanha para, juntas, tentarmos resolver as dores do seu coração? - Alluna transparecia serenidade e suas falas, carregadas de amor, começavam a tocar o coração de Dalila.

A vontade íntima de Dalila era realmente sair daquela situação. Porém, seu ego e sua vaidade, sua vingança contra Maitê, levaram-na àquele caminho de dor e sofrimento; e, vinculada a Espíritos tenebrosos, ela se sentia, em verdade, obrigada a seguir com os planos. Entretanto, dentro de seu coração, o sofrimento era tão grande, que ela, por vezes, mal lembrava dos problemas que considerava que Maitê havia lhe provocado no passado; sua revolta era consigo mesma, com os trabalhos forçados, com a dor e o sofrimento que ela sabia que eram responsabilidade dela. Mas, recusava-se a sair daquela situação e se afundava cada vez mais na dor e no sofrimento. Numa tentativa de tranquilizar a própria mente, que não aceitava a autorresponsabilidade, voltava a culpar Maitê e assim seguia em círculo vicioso.

Alluna tentou se aproximar um pouco mais e continuou usando palavras de amor e carinho que ecoavam na mente de Dalila, mas, subitamente, ela se afastou e saiu correndo, querendo fugir daquela situação.

— As palavras que você proferiu e o seu imenso amor, de certa forma, tocaram o coração da nossa companheira - avaliou Nídia, aproximando-se de Alluna.

— Aos poucos vamos trabalhando e conquistando o seu coração - sorriu Alluna ao falar. — Algum de nós vai conseguir resgatar Dalila. Cada um fazendo um pouquinho.

Magno sabia que essa abordagem estava acontecendo, conhecia a revolta de Dalila contra o sistema em que estava inserida e ordenou que os seus capatazes tomassem as devidas providências contra ela.

Tupinambá, que já esteve do lado contrário ao Bem, deduzia que Dalila sofreria alguma investida dos irmãos que ainda vibravam em sintonia inferior e, avisando as companheiras de trabalho, traçaram planos para auxiliá-la.

Adentrando uma habitação suja e fétida, Dalila esgueirou-se pelo canto e pôs-se a chorar com um misto de raiva e revolta. Ela não se conformava com a vida que levava. Apesar do coração tocado pelas palavras de Alluna, se deixava levar pela suposta racionalidade do que considerava justo, esbravejava e gritava, colocando a culpa em Maitê, e também gritava revoltada, pensando em Magno. Como podemos observar, ela apenas não saía da situação em que se encontrava porque não se conscientizava, optando por nutrir em torno de si os sentimentos de ordem inferior. As oportunidades eram dadas pela Misericórdia Divina, bastava ela aproveitar para ser resgatada do Astral Inferior.

CAP. 16

Durante a reunião mediúnica daquela noite, não houve atendimentos aos desencarnados em sofrimento, pois o objetivo era amparar os encarnados e despertá-los para a realidade que estavam vivenciando naquele Centro Espírita.

– Os atendimentos de socorro programados para a noite de hoje foram encaminhados para outros Centros Espíritas e Tendas Espiritualistas - Jacira me informou. – Dr. Cesário solicitou que todos os nossos leitos fossem esvaziados e que os Espíritos que estavam em tratamento fossem realocados em outros Prontos-Socorros Espirituais.

– Bem que notei que todos os leitos estão vazios e que está havendo pouca movimentação aqui na Esfera Espiritual. Já tive oportunidade de estar com Manoel em algumas reuniões mediúnicas no Centro Espírita que ele frequenta e, pela minha experiência, o ritmo é frenético - comentei, trazendo na memória as recordações dos trabalhos espirituais já realizados com meu querido amigo.

– Sim, e sempre é, via de regra. Contudo a nossa situação está crítica. Não apenas aqui no nosso setor, mas todas as outras Atividades Espirituais do Centro Espírita estão parando com o decorrer dos dias e os trabalhadores/frequentadores estão realocados em outros ambientes - Jacira comentou com um certo receio. – Eu sinto que se não conseguirmos despertar os nossos irmãos encarnados, as Atividades Espirituais não retornarão e nem nós aqui poderemos continuar, minha amiga. Mas... a escolha será deles. Estamos fazendo a nossa parte.

Durante a reunião, os médiuns estavam desconcentrados. Verifiquei com tristeza e pesar em meu coração, Adalberto mistificar uma mensagem, atribuindo-a ao Mentor Espiritual do Centro Espírita, tecendo inúmeros elogios ao trabalho desenvolvido e enaltecendo o trabalho dos médiuns da mesa, principalmente do responsável pelas atividades, ou seja, a si próprio. Não havia qualquer Espírito se manifestando. Não podemos sequer falar de animismo, quando a alma do próprio médium se manifesta. Era realmente Adalberto, com plena consciência, que fingia receber a mensagem a fim de se enaltecer. Dessa forma, ele se consolidava como uma pessoa importante e mais fácil seria alcançar o poder que almejava. Após a triste cena, fingiu não se recordar do que foi dito e, quando recebeu comentários dos companheiros da mesa, fingiu falsa modéstia, porém intimamente sentia imensa alegria e satisfação em ser bajulado. Como foi permitida a presença de alguns Espíritos obsessores da reunião, ao lado de Adalberto, um dos trabalhadores da Falange de Magno dava gargalhadas:

— Eu sequer precisei influenciá-lo. Ridículos! Vocês já perderam - comentou com sarcasmo. — Vai, tenta falar aí, ô Pombagira! Você é que vai ser demonizada, não eu. - E mais gargalhadas eram dadas em tom de deboche.

Não entrei nem em sua sintonia, nem em suas

provocações. Mantive-me serena e calma. Fiz-me visível a uma médium vidente da mesa e busquei me aproximar para dar alguma orientação com relação a Maitê e tentar alertá-los quanto à obsessão sofrida pelo Centro Espírita.

Assim que me fiz visível, a médium ignorou e não queria relatar aos membros da mesa que me visualizava. A escolha foi dela, mas, vendo essa resistência, uma obsessora espiritual que também era da Falange de Magno, chamada Tâmara, e que estava presente no ambiente, acoplou-se ao lado dela a fim de a incentivar ainda mais aos pensamentos equivocados. Intuía-lhe que eu era uma "mulher da vida", uma Pombagira, que estava ali para atrapalhar as atividades do grupo mediúnico.

Era um grande jogo de tabuleiro em que o bem e o mal buscavam trabalhar, e os médiuns eram as peças. Tínhamos que tentar encontrar as peças adequadas para vencer o jogo, o que era muito difícil devido à baixa qualidade do grupo mediúnico, como anteriormente abordado. Busquei aproximar-me de uma jovem em desenvolvimento mediúnico e consegui me conectar pela psicofonia. Era uma das poucas que estava levando a sério a sua mediunidade naquele grupo, apesar de ter baixíssimo conhecimento acerca da temática. Seu coração estava puro.

— Uma boa noite a todos – saudei, contida, o mais que pude, pois sabia que aquele ambiente estava infestado por visões distorcidas e preconceituosas, além da presença dos irmãos contrários ao Bem. Portei-me da forma mais serena possível. – Gostaria de trazer algumas elucidações aos nossos amigos e irmãos, se me permitem.

A médium que me visualizou e não quis me descrever via-me conectada mentalmente à jovem em desenvolvimento e, sob influência de Tâmara, logo interferiu ferozmente e de forma grosseira:

– Eu não quis falar sobre a sua presença e você deu um jeitinho de, mesmo assim, se manifestar para atrapalhar, não é? Perdoe-nos, minha querida, mas não podemos permitir sua presença e sua participação, este não é um ambiente para tipos como o seu. Eu estou vendo a forma como você se veste, a roupa que usa já diz tudo sobre você. Visivelmente não está com condições de trazer explicações, e, sim, de recebe-las. É uma perturbada e talvez ainda esteja perdida. Se quiser nós podemos te ajudar. Diga, o que você está realmente querendo? - perguntou a médium.

– Perdoe-me, mas acredito que a sua interpretação esteja equivocada a meu respeito. Se permitirem, posso dar meu recado e identificará que no momento não necessito de auxílio, mas agradeço a intenção. Gostaria de primeiramente falar sobre Maitê. É possível? - continuei, buscando a cordialidade.

Questionada por Adalberto sobre como eu me apresentava, a médium narrou em detalhes a minha aparência, porém, distorcendo, colocando informações exageradas e infundadas, visando gerar descrédito.

– É uma mulher completamente vulgar, com um vestido vermelho extremamente extravagante, com um decote quase deixando os seios à mostra! Vejam se pode! Pulseiras e colares de ouro. Sinto um cheiro intragável de cigarro e bebida. Está vindo dela - comentou a mulher, com uma descrição bastante diferente da realidade e sob influência de Tâmara.

– Onde ela *tá* vendo Madame Nancy com esse visual e esse cheiro? - perguntou Lucas, que observava perplexo.

– Ela não está vendo dessa forma, ela está inventando, sob influência daquele Espírito que está ali do seu lado. Ela realmente está sentindo o cheiro, mas vem da sua influenciadora e não de Nancy. Ela está dando vazão a um processo de obsessão. Completamente desequilibrada, está falando o que a Tâmara deseja - respondeu Jacira.

– Meu Deus, que mulher desequilibrada, que desserviço! - finalizou Lucas, balançando a cabeça negativamente.

– Pela descrição deve ser a Pombagira que mamãe comentou comigo. Maitê havia contado que teve um sonho com um Espírito com essas mesmas características, que papai até a repreendeu e a aconselhou a se dedicar aos estudos da Doutrina Espírita para não ser enganada por esses obsessores, no que foi apoiado por mamãe - disse Maristela a Adalberto. – Seria você a obsessora que está querendo perturbar minha filha? Confesse! Qual o seu nome? Pare de ladainha e de discurso falso. Pelo seu tipo já sabemos a sua essência! - questionou, realizando a sua função de dialogadora.

– Com todo o respeito, minha irmã, é notório que estão fazendo uma grandiosa confusão e as informações descritas sobre minha aparência não procedem. Mas vamos ao que importa. De fato, eu tenho buscado me aproximar de sua filha, Maitê, porém, com o intuito de auxiliá-la e orientá-la a não seguir no caminho equivocado que tem escolhido perpassar. Um Espírito obsessor não se preocuparia em dar orientações, concorda comigo? E por qual motivo seria eu uma obsessora? Apenas em virtude da minha aparência de espanhola? Aliás, a descrição que nossa amiga fez de minha aparência não foi das mais fiéis, reforço. Eu sequer tenho tido contato com cigarros ou bebidas, então também não posso exalar esses cheiros. Libertei-me dos vícios, graças à Misericórdia Divina. Não posso coadunar com informações inverídicas. Agora, se quiserem me chamar de Pombagira, eu não me importo. Sou quem quiserem que eu seja. Meu nome não é dos mais relevantes, muito menos minha aparência. Acredito que o que vale são as reflexões e as mensagens que eu tenho a trazer. Não é isso que aprendem com a Doutrina Espírita? - abordei firmemente e ao mesmo tempo com serenidade, por meio da jovem médium que me dava espaço.

– Está dizendo que nossa médium é uma mentirosa? Que desrespeito! Não nos venha com o seu discurso de vítima. Se você realmente soubesse a respeito da Doutrina Espírita, não se portaria com esse tipo de vestimenta como nossa amiga aqui da mesa descreveu. E não se importa em ser chamada de Pombagira? Pois eu nunca vi uma Trabalhadora da Falange de Bezerra de Menezes, Scheilla, e outros nobres Trabalhadores Espirituais se intitularem desta forma. Pombagira é Espírito de "mulher da vida". Aqui neste Centro temos um trabalho correto, honesto, não permitimos que os Trabalhadores Espirituais tenham essas aparências e essas identificações de ordem inferior e imoral. Aqui não é seu lugar. Por favor, retire-se e siga seu caminho junto com quem aceita se vincular a tipos como o seu. Aqui não será aceita para trabalhar, nem mesmo para dar recados. Se quiser, será ajudada e orientada, você está desequilibrada e necessita de orientação e reequilíbrio - Maristela proferia as palavras com extrema arrogância e prepotência, ignorando as orientações sopradas por Dr. Cesário e escolhendo dar ouvidos à Tâmara. — Saia imediatamente da irradiação da médium ou precisaremos solicitar que os nossos Trabalhadores Espirituais a levem para fora dos trabalhos desta noite à força.

Fui expulsa do diálogo mediúnico, ofendida e destratada. Deste lado, Lucas observava a cena com os olhos arregalados. Jacira segurava as mãos no peitoral com os olhos fechados em profundo pesar, e Pai Abelardo/Dr. Celso aproximou-se de mim e, com um leve toque em meu ombro, solicitou que me afastasse. Humildemente despedi-me, sem retrucar as palavras grosseiras e repletas de equívocos de Maristela, com imensa tristeza no pulsar do meu coração.

Após afastar-me, Adalberto ainda realizou uma psicografia, influenciado por um Espírito que se passava por Bezerra de Menezes. Com palavras fervorosas, dava aos trabalhadores do Centro Espírita orientações descabidas e incentivava a firmeza de atitude que Maristela teve na reunião. Segundo ele, o mal era audacioso e somente a braveza dos bons, por meio da guerra, iria cessar o mal; havia terminado o tempo de falar manso, era hora de gritar pela ordem. Suas palavras eram carregadas de preconceitos e soberba. Todos fascinados com a suposta comunicação de Bezerra, escolhiam acatar as orientações esdrúxulas que eram concedidas, sem raciocinar ou questionar, por mais absurdas que fossem.

Apesar de estar ciente das dificuldades e dos riscos da comunicação, que já me haviam sido pontuadas quando recebi o convite, não nego que fiquei com meu coração dilacerado em ver tamanha desestruturação e não poder fazer nada diretamente. Meu maior pesar nem estava sendo por mim mesma e pelo preconceito que sofria por ser incompreendida, e sim por ver que aqueles irmãos estavam se perdendo na caminhada.

Outras tentativas de comunicação de nossos amigos foram infrutíferas, nem mesmo o Dr. Cesário conseguiu repassar bem os seus recados, e muito do que ele disse foi distorcido.

Os Espíritos que buscavam influenciar os médiuns da mesa de forma negativa, gargalhavam e faziam intensa algazarra. Estavam felizes com o que, para eles, era mais um avanço. Os Espíritos que ficaram acampados do lado de fora acompanhavam animados a repercussão da trágica reunião.

Ao término da atividade, após algumas horas, todos nós da equipe montada por Pai Abelardo e os Trabalhadores Espirituais que estavam em atividade no Centro Espírita nos encontramos com o Dr. Cesário no plenário de reuniões na Esfera Espiritual do Centro.

– Meus amigos, é hora de darmos um passo para trás com relação às Atividades Espirituais aqui no nosso Centro Espírita. Tentamos, de todas formas, despertar os nossos companheiros encarnados. Nada tem surtido efeito. A escolha está sendo deles. Todos os nossos trabalhos aqui na Esfera Espiritual já foram redirecionados para outros Centros Espíritas e Tendas Espiritualistas. Nossos equipamentos de trabalho já foram realocados nesses mesmos ambientes, que também receberam os nossos Pacientes Espirituais com esmero, amor e carinho. Nossa Equipe Espiritual será dividida para colaborar nesses outros locais que estão nos ajudando. Vamos reforçar suas equipes de tarefa. Inclusive, aceitamos o auxílio da Tenda Espiritualista em que Carmen e Liana trabalham – ponderou Dr. Cesário.

Apresentando em uma tela imagens dos Centros Espíritas e das Tendas Espiritualistas, Dr. Cesário explicou como seria a divisão das tarefas e das equipes que estavam sendo redirecionadas a trabalhar nestes locais. Explicou-nos que aquela decisão estava sendo pensada há muito tempo e que não foi do dia para a noite, mas que era insustentável manter o Amparo Espiritual naquele Centro Espírita por escolha dos encarnados. Orientou que o Centro passaria por muitas dificuldades e que os encarnados precisavam das dores que sofreriam para crescer.

Despedimo-nos todos com um abraço em roda, entoando uma linda canção em forma de oração. Todos fomos nos retirando, e os Espíritos Trabalhadores indo aos seus novos ambientes de trabalho. Dr. Cesário, sozinho, olhava com os olhos marejados de lágrimas todos os ambientes daquele local que lhe era tão querido. O médico foi o último a sair da Esfera Espiritual do Centro Espírita e, consciente de que fez o que pôde, regressou aos trabalhos na Colônia Espiritual em que residia e onde buscaria se dedicar a auxiliar na coordenação de um novo Centro Espírita que surgiria em outra capital de um Estado brasileiro. Enquanto uma porta de trabalho se fechava, outra se abria para aquele trabalhador do Bem e do Amor.

As proteções espirituais daquele Centro foram desligadas e os Espíritos obsessores se apossaram do ambiente, considerando que, finalmente, haviam vencido. O Centro Espírita estava tomado pelos obsessores espirituais.

CAP. 17

Eduardo e Joana estavam caminhando pelas vielas escuras da Cidade das Trevas, escutando os ruídos sonoros estridentes de aparelhos eletrônicos que emitiam sons densos e pesados, assolando todo o ambiente e deixando-os com intensa dor de cabeça. O barulho estava ensurdecedor.

— Como que esse povo vive com essa barulheira? Nossa, minha cabeça tá explodindo. E que lugar é esse, hein? Horroroso! Como viemos parar aqui? - questionava Joana, olhando ao redor, cansada. — A gente parou parece que no inferno!

— E vocês estão no inferno, bem-vindos! - sussurrou Dalila, surgindo logo atrás deles, tendo sido obrigada por Alexandre a ir recepcioná-los e assustá-los. — Que bom ter vocês agora, aqui do nosso lado! - E deu uma risadinha debochada, mostrando os dentes podres. — Já não era hora! Prazer, Dalila. Vi a morte de vocês em tempo real.

Assustados, Joana e Eduardo se entreolharam. Mais uma vez, uma pessoa estranha e desconhecida falando que eles estavam mortos, mas eles não se sentiam mortos! Para suas mentes aquilo era incompreensível. Estavam com uma confusão mental intensa.

— Querem a prova de que morreram? Eu levo vocês para verem seus pais, vamos ver se eles conseguirão ver vocês. Quem vai primeiro? - perguntou Dalila, bastante debochada.

Doralice e Médice, na Colônia Espiritual, assistiam à cena por meio de um aparelho que reproduzia as imagens em holograma.

– Vai ser um choque para eles despertarem dessa forma tão triste. Se aceitassem nos ouvir, se aceitassem ajuda, poderiam despertar para a realidade espiritual de forma menos chocante e mais tranquila, sendo conscientizados por parentes queridos e não por uma irmã desequilibrada - disse Médice, lamentando.

– Já lamentei muito o destino de Eduardo, mas é uma escolha dele. Tanto ele quanto Joana despertaram no Pronto-Socorro Espiritual do Centro Espírita, mas quiseram sair sem rumo e foram sequestrados por obsessores que os levaram para essa Cidade das Trevas. Só me resta ficar em oração, e, no momento certo, estarei presente ao seu lado para socorrê-lo! - pontuou Doralice.

Dalila levou Joana e Eduardo até suas respectivas residências e eles ficaram convencidos, após a triste excursão, de que estavam mortos. Estavam perdidos, perturbados e se tornaram fáceis presas da turma de Magno. Sem entender o que acontecia e sem terem o sentimento da fé pulsando em seus corações, ao invés de se conectarem com o Alto em prece, para receberem auxílio, se revoltaram contra Deus.

— Agora que estão mortinhos, estão no inferno, e, para sobreviver aqui, têm que jogar conforme o chefe mandar, ou então irão sofrer muito mais... - avisou Dalila de forma venenosa, ao retornar com eles para a Cidade das Trevas.

Dalila , junto com os Espíritos que os levaram pela primeira vez para a Cidade das Trevas, levou os jovens até a Central de Comando, onde eles foram trancados e escravizados. A ideia de Alexandre, braço direito de Magno e que havia assumido o comando da organização na ausência do chefe, era fazer com que eles atrapalhassem, ainda mais, Carlos, Débora e principalmente Maitê, para terem mais escravizados e, por tabela, desequilibrarem ainda mais Adalberto e Maristela. Quanto ao Centro Espírita, considerava que o sucesso estava sendo empreendido, mas a batalha ainda não estava completamente vencida.

Algumas semanas se passaram, Maitê seguia com altos e baixos na questão espiritual. Ora conseguíamos nos sintonizar com ela, ora Dalila seguia alcançando seu intento. A cabeça de Maitê, quanto às questões espirituais, estava confusa. Dalila atrapalhava nossos incentivos, recordando-a de todas as problemáticas do Centro Espírita. Além disso, sabendo das últimas notícias sobre as atitudes completamente desequilibradas dos diretores, inclusive dos seus pais, que eram estarrecedoras, Maitê, por si mesma, já ficava cada vez mais desgostosa do assunto, e Dalila ampliava a sensação de revolta e desgosto.

Eu e Pedro optamos por influenciar Maitê a buscar a Espiritualidade em outras religiões, outras doutrinas, a fim de que ela, de alguma forma, se conectasse com o mais Alto. Para nós não tem relevância o templo, nem as crenças, o importante é estarmos conectados conosco mesmos, com Deus, com o Amor. Sozinha, por si mesma, Maitê não conseguia, então tentávamos ajudá-la de alguma forma, incentivando-a a ir a algum Templo. Foi a alternativa que encontramos e buscamos colocar em ação.

Débora seria uma grande aliada nessa jornada. Ela estava regularmente indo à Tenda Espiritualista. Estava engajada e teve grande mudança vibracional. Dos três jovens sobreviventes do trágico acidente, foi a que mais conseguiu extrair aprendizados rapidamente.

— Posso incentivar Débora a convidar Maitê para ir à Tenda Espiritualista. Em Igrejas ela não vai, diz que não gosta. Acredita em reencarnação, em vida após a morte, na comunicabilidade com os Espíritos, mas está com pavor do Centro Espírita, e isso infelizmente recai não apenas no Movimento Espírita, mas na Doutrina Espírita. Então, um local Espiritualista poderá auxiliá-la - comentou Carmen, ao se aproximar de mim, num encontro em que estávamos para confraternizar e trocar ideias, aqui no Plano Espiritual.

— É uma boa sugestão. Ela talvez terá um pouco de resistência, porque carrega receios, influência dos preconceitos que lhe foram enraizados. Apesar de ela ter grande afinidade comigo, de gostar de me ver e me encontrar, tem medo do que os outros irão falar, porque ficou na cabeça dela que sou uma Pombagira e está receosa. No íntimo, ela confia em mim, contudo o seu problema está sendo o achismo dos outros, veja se pode! - afirmei.

— Mais um motivo para incentivarmos Débora a comentar com ela a respeito. Minha tutelada tem estudado bastante sobre esses assuntos e poderá orientar Maitê corretamente. Faz tempo que elas estão afastadas, aliás, foi nosso incentivo ela se afastar de Maitê e de Carlos para se reequilibrar, mas agora ela está equilibrada para retomar o contato com o intuito de colaborar positivamente - comentou Carmen com eloquência.

CAP.
18

Carlos vagava pelas ruas da cidade sem qualquer contato com a família. Havia se tornado um trapo humano, estava completamente absorto nos vícios de toda espécie e entrou para a vida do crime com o objetivo de tentar angariar recursos para sustentar as lamentáveis escolhas.

Ao seu redor, uma Falange de Espíritos obsessores sugava-lhe as energias e o incentivava a agir de forma cada vez mais despudorada. Tâmara, da equipe de Magno e Alexandre, estava acompanhando o definhamento do jovem e se satisfazia em contar aos superiores como a cada dia conseguiam ter mais próximo deles aquele que seria um futuro escravizado.

Incentivado por Tâmara, Carlos pensava cada vez mais em Eduardo e Joana. Os pensamentos fixos e constantes que ele e Tâmara emanavam os fizeram se conectar com os jovens que estavam presos na Cidade das Trevas. Levados por um dos soldados que os vigiava, chegaram no local onde Carlos e Tâmara estavam e ficaram horrorizados com a cena que viram.

— Olha como o amiguinho de vocês está parecendo um verme! - comentou Tâmara, rindo. — E vocês podem chegar pertinho dele para sentir o prazer do que ele está consumindo. Estão com saudades das sensações?

Forçados a se aproximar, ao inalar os fluidos que estavam sendo desprendidos, Joana e Eduardo reavivaram o vício e se acoplaram a Carlos. Para se satisfazerem, incentivavam o amigo a usar cada vez mais, e os três afundavam juntos. O objetivo de Tâmara era que os dois amigos ficassem em simbiose com o jovem até que ele não resistisse e viesse a falecer, mas ela não queria estar diretamente ligada ao desencarne, na vã ideia de que não teria responsabilidade.

Carlos faleceu após alto consumo de entorpecentes. Seu falecimento, porém, não foi rápido, foi lento e doloroso. Lucas, Nídia e Tupinambá acompanharam de perto a triste cena e verificaram quando os Enfermeiros Espirituais, por Misericórdia Divina, colaboraram para desfazer o fio de prata que ligava o Perispírito ao corpo físico.

– Essa ação está sendo realizada porque tenho muitos méritos e bônus-hora. Usei o meu mérito nos trabalhos para interceder por Carlos - comentou Nídia.

– Mas não cabe a ele sofrer as consequências dos próprios atos? Não seria injusto você beneficiar a ele com seus méritos? Ele não deveria ser beneficiado apenas com os méritos próprios? - perguntou Lucas.

– A Misericórdia Divina nos dá a todos inúmeras chances, Lucas. Fazermos uns pelos outros é Amor Ágape. Eu quis, de coração, ajudá-lo. Mas não pense que agora ele viverá num mar de rosas. Isso que eu fiz não reduz muito o sofrimento que ele irá passar se continuar a escolher o caminho equivocado.

– Deus não é punitivo. Por Ele, nenhum de nós sofreria. A gente sofre por escolha própria - ponderou Tupinambá. – Agora ele será encaminhado a um Posto de Socorro Espiritual na Tenda Espiritualista em que Carmen iniciou o trabalho junto a Liana, Mentora de Débora, e que agora nos dá a todos a oportunidade de Trabalho Espiritual.

– Nossa parte nós fizemos e continuaremos a fazer, meu amigo. Infelizmente, Carlos também desencarnou antes do tempo em virtude de escolhas equivocadas. Mas espero que ele desperte para o auxílio. No primeiro momento, Joana e Eduardo se perderam, vagam no Astral Inferior, apesar de terem recebido ajuda inicial. Espero que Carlos escolha diferente - explicou Nídia.

– Será? Ele era um dos mais rebeldes! Sei não... - disse Lucas, com cara de confuso.

– Vamos aguardar, sem tirar conclusões e fazendo, como Nídia disse, a nossa parte. A vida e as decisões íntimas sempre podem surpreender, rapaz - afirmou Tupinambá. – Agora vamos à mata, vou colher algumas ervas para os trabalhos da noite de hoje na Tenda.

Os três companheiros seguiram pelas matas na Esfera Espiritual e colheram as ervas necessárias para as atividades que seriam realizadas pelas Falanges de Espíritos conhecidos como Caboclos e Pretos Velhos.

Na Tenda Espiritualista, as ervas eram muito utilizadas, tanto pelos encarnados quanto pelos desencarnados, para tratamentos de cura, fortalecimento, proteção e outras questões diversas. Há uma infinidade de possibilidades e usos das mais diferentes ervas, tanto para as questões físicas como espirituais. É um conhecimento vasto que não irei desenvolver de forma aprofundada nestes escritos, mas que recomendo que busquem pesquisar e estudar a respeito. A Humanidade precisa se abrir para compreender melhor as benesses que esses elementos da Natureza nos proporcionam.

CAP. 19

– Nós matamos Carlos?! Onde ele está?! Ele não veio para cá?! Vamos ver o nosso amigo? - perguntava Joana, perturbada, andando de um lado para o outro de uma cela em que se encontrava junto com Eduardo.

– Se acalme! Eu não sei para onde ele foi. Estou tão perdido quanto você! - respondeu Eduardo.

– Ora, ora, mataram o amiguinho e estão com peninha? Vocês são assassinos, vocês são assassinos! Estavam sugando as energias que ele emanava ao usar os entorpecentes, sugaram até a morte! Vocês são assassinos, vocês são assassinos! - cantarolava Tâmara, do lado de fora das grades. – Tenho mais um plano para vocês, agora com Maitê. A loirinha chata, sabem?

– A gente não vai fazer mais nada! A gente quer sair daqui, sua bruxa! Sua monstra perversa! Vocês são os próprios demônios! - gritava Joana.

– Se a gente fizer o que você quer, vai ter mais liberdade? Eu quero negociar - respondeu Eduardo.

– Eduardo!!! Você quer se sujeitar a fazer mal a mais uma amiga nossa? Não basta o que a gente fez a nós mesmos e ao Carlos?! - Chorava Joana, agarrando o amigo pelos braços.

– A gente já está morto e no inferno, Joana! Estou pouco me importando agora com qualquer um de vocês. Eu quero ter o mínimo de paz e, se for preciso que mais uma venha para o lado de cá, eu aceito. Não faz diferença alguma para mim - comentou, olhando para Tâmara.

– Gostei do rapaz, decidido. Vem cá, vamos conversar. - Tâmara chamou Eduardo para perto da porta, abrindo-a para ele sair. – E você vai ficar aí sozinha agora, fraquinha.

Joana caiu chorando, e seu sincero desespero a fez implorar perdão a Deus. Escutando seu pranto, Médice acionou Saiorai e ambos desceram com Tupinambá, que optou por chamar Nídia, Alluna e eu. Ingressamos ao Astral Inferior, indo ao encontro de Joana na Cidade das Trevas. A ideia de Médice era aproveitarmos e tentar ajudar Dalila, que também estava sofrendo investidas negativas do alto escalão daquela região.

Não precisei mudar minha roupagem, mas àqueles de nós que vestiam tons claros, Tupinambá aconselhou a mudança para tons mais escuros, para que todos ficássemos disfarçados e camuflados na ação que iríamos realizar e tentar lograr mais êxito. Naquela região, os Espíritos não usavam tons claros em suas vestimentas. Inclusive, muitos trabalhadores das Falanges do Bem, quando atuam em locais como esse, usam roupas em tons predominantemente escuros. Não é raro se ver isso. O objetivo era resgatar Espíritos e não criar conflitos, assustando aos que não gostavam das Falanges do Bem.

Eu segui com meu vestido vermelho, assim como Alluna, que vestiu um semelhante. Saiorai optou por calça preta e uma blusa cinza-escura. Tupinambá manteve-se com os adereços indígenas e uma blusa preta. Nídia optou por vestir-se como uma motoqueira, com jaqueta, calça preta e uma blusa vermelha, inspirada no visual de um amigo que futuramente viríamos a conhecer. Médice plasmou uma roupa típica da Falange de Espíritos conhecidos como Exus, com uma calça preta, uma blusa branca, uma capa preta por fora e vermelha por dentro e um chapéu preto, com direito a um tridente como adereço.

— Porque se é para se disfarçar, a gente segue à risca - comentou Médice, brincando. — Os Espíritos que muitos irmãos espiritualistas chamam de Exus são Entidades respeitadas nessas regiões mais densas. A aparência impõe respeito. Mas, em essência, nada mais são do que membros da Guarda Espiritual, que precisam usar aqui uma roupa mais impactante.

— Mas por qual motivo a gente precisa se disfarçar, se das outras vezes nunca houve essa necessidade? - perguntou Saiorai.

— Porque das outras vezes fomos para não ser percebidos, a não ser para quem queríamos aparecer e tentar ajudar. Agora vamos para ser notados por todos. Temos que disfarçar ao máximo para não criar resistências e confusões - explicou Médice.

— Faz sentido o que Médice disse. Aliás, ainda não tive a oportunidade de conhecer um Espírito que se apresenta como Exu. Mas escuto Carmen falar sobre eles quando conta sobre a Tenda - comentei, admirada com o visual de Médice.

— Eu já tive a oportunidade de conhecer um, o Ramon, da Guarda Espiritual, que você também conhece. Conheci-o no dia do acidente; ele atua em

Tendas Espiritualistas e se apresenta dessa forma, com uma roupa igual a esta. Me inspirei nele, inclusive! - explicou Médice.

– Nossa, que interessante! Me recordo dele no dia do acidente, ele foi bastante firme e energético a fim de colocar ordem no tumulto que os obsessores queriam fazer. Ele foi um dos que chegaram primeiro para organizar o ambiente a fim de realizar o socorro - comentei, me recordando da ação de Ramon como membro da Guarda Espiritual.

– Tenho um amigo que sempre faz resgates de Espíritos viciados em regiões densas e trevosas, e ele se veste dessa forma. Inspirei meu *look* nele, motoqueiro *rock and roll*. Sigo bem disfarçadinha - brincou Nídia. – Não combina muito comigo esse visual, mas é o que temos para hoje, a fim de ajudar nossos irmãos perdidos.

– Eu e Nancy somos as próprias Pombagiras, como dizem! - comentou Alluna, me dando as mãos.

– Gente, e eu sou o quê? Não tenho personalidade de nenhuma Falange. Vou embora. Só coloquei uma roupinha simples mais escura - brincou, Saiorai.

– Mudou mais que eu, que só troquei a cor da blusa - disse Tupinambá.

Estávamos brincando com as nossas vestimentas, no entanto tínhamos certeza da seriedade do caso. Finalmente chegamos em frente à Central de Comando daquela Cidade das Trevas, no Astral Inferior.

CAP. 20

Na Tenda Espiritualista, Débora seguia assistindo ao estudo doutrinário ministrado pela responsável por aquele local. A jovem havia se tornado uma frequentadora assídua dos estudos e das palestras ali realizadas e também estava se engajando com os projetos sociais da Tenda.

– Muito bom vermos a nossa amiga trilhando o bom caminho – Liana estava admirada, comentando a respeito junto com Carmen.

– Sim, graças a Deus ela se encontrou nesse ambiente acolhedor e repleto de amor. Que trabalho lindo realizam! Hoje, aproveitando as vibrações do ambiente, podemos sugerir a ideia de chamar Maitê para vir? - Carmen questionou.

Recebendo o aval positivo da Mentora de Débora, Carmen sentiu-se confiante de que daria certo o plano almejado para auxiliar a minha tutelada.

Enquanto os frequentadores assistiam ao estudo doutrinário, no Plano Espiritual daquela Tenda, a movimentação era pacífica e célere. Alguns companheiros espirituais que chegavam acompanhando os frequentadores eram encaminhados a triagens e ao tratamento necessário.

Havia uma ala com leitos de enfermaria e em um deles estava Carlos. Pai Abelardo estava aplicando-lhe alguns emplastros e unguentos de ervas colhidas pela Cabocla Jurema, trabalhadora daquela Tenda há muitas décadas.

— Minha amiga, o *trabaio* que *ocês* realizam aqui é muito bom, *ocês tão* de parabéns! E eu quero é agradecer pela receptividade que estão tendo com o menino e com nossos *trabaiadores*.

— É sempre bom acolher e trabalhar no Amor, Pai Abelardo. São todos muito bem-vindos. Este templo é de Oxalá, é de Jesus, é de Olorum, é de Deus. É de todos nós. Quem é de axé e quem é de amém aqui são acolhidos com amor e respeito - respondeu o Espírito de uma senhora idosa, conhecida como Vovó Benedita.

— O que é Oxalá e Olorum? - perguntou Lucas, intrometendo-se na conversa.

— E, do nada, surge esse menino curioso, que fica só observando a gente - disse Pai Abelardo rindo gostosamente.

— Meu filho, para mim, de acordo com a cultura em que fui criada, Oxalá é o principal Orixá, é uma Energia Suprema, criador da Terra, que provém da Divindade de Olorum, que criou o Universo e todos os outros Orixás. Olorum é o Eterno, Onipotente, Onisciente, Onipresente, Justo e Bom, é Deus - respondeu a bondosa senhora.

— E o que são os Orixás? - perguntou uma jovem que havia despertado há pouco e que estava acompanhando a conversa em um leito ao lado do de Carlos, que seguia dormindo.

— Minha filha, que bom vê-la despertar. Seja

bem-vinda ao nosso Templo de Amor. Já, já nossos amigos irão lhe trazer uma sopinha para você se alimentar - respondeu Vovó Benedita, fazendo um carinho nos cabelos da jovem. — E, respondendo ao seu questionamento, em nossa cultura, os Orixás podem ser interpretados como representações das Forças da Natureza, são Mensageiros de Deus, são Espíritos, como queiram chamar, são responsáveis pelas águas, pelas matas, pela terra, etc. Um exemplo é Iemanjá, rainha do mar. Essa Orixá é uma representação da energia das forças da água dos oceanos e o poder curativo que elas têm; remete aos Elementais que trabalham junto a este elemento da Natureza e os Espíritos responsáveis pela organização desses trabalhos.

— Muito interessante a sua cultura. Eu pensava que, depois que morresse, todo mundo virasse Espírita - comentou Lucas.

— No Plano Espiritual, Lucas, todos nós temos conhecimento acerca da Vida Espiritual. O Espiritismo é uma louvável e respeitável Doutrina que orienta a respeito dos Espíritos, da nossa comunicabilidade com o Plano Terreno, sobre a reencarnação e muitos outros pontos - orientou Vovó Benedita. — Eu compreendo todos os pontos, porém tenho minha cultura, na qual fui criada e que continuo a cultivar aqui neste Plano da Vida, interpretando os elementos sob a luz da Verdade. Nem eu nem ninguém precisa deixar sua crença e virar Espírita porque está vivendo no mundo dos Espíritos.

– Que demais! Caramba, minha mente *tá* assim, explodindo! – Lucas comentou, fazendo um gesto de explosão na cabeça.

– E espero que seja uma explosão para o bem e para o conhecimento. Querendo aprender mais, estou sempre à disposição – finalizou amorosamente a senhora, encaminhando-se a um outro leito para aplicar alguns medicamentos à base de ervas em um jovem recém-chegado. Ao iniciar os trabalhos, cantarolou:

Ervas de Ossain[5]

Curam toda dor que tem em mim

Com fé em Deus

O mal-estar se esvai

E a minha saúde se refaz

A Natureza me protege e me abençoa

A Natureza tem as ervas curadoras

Minha fé se fortalece

Tenho certeza da cura com essa prece[6]

Pai Abelardo finalizou o tratamento do dia em Carlos e foi acompanhar os trabalhos mediúnicos que se iniciavam na Tenda. Naquele dia seria o que chamam de gira de Pretos Velhos, reunião na qual

5 Ossain é o Orixá das ervas, para as culturas espiritualistas.

6 Ditado pelo Espírito Maria Alice ao médium Murilo Viana, na noite de 06 de dezembro de 2023, com o objetivo de compor a presente obra literária, a pedido Nancy, a Autora Espiritual.

Espíritos que se apresentam como Pretos Velhos se manifestam. O trabalho era muito organizado, não havia alvoroço nem desequilíbrio por parte dos encarnados. Infelizmente não é uma realidade generalizada, mas naquele ambiente era tudo muito sério e disciplinado.

Uma diferença dos trabalhos do Centro Espírita, no qual eu estava acostumada a trabalhar com Manoel, para esta Tenda Espiritualista é que, no Centro Espírita, nos dias das reuniões mediúnicas, todos os tipos de Espíritos se manifestam, independentemente de suas roupagens, já na Tenda Espiritualista, havia uma organização para definir quando cada Falange iria se manifestar.

Inicialmente, ao saber disso, estranhei e considerei que atrapalhasse os trabalhos, mas compreendi que os Espíritos se planejam para atender a essa organização dos encarnados de modo que o trabalho acontecesse da mesma forma tanto nos Centros Espíritas quanto nas Tendas Espiritualistas, só que de maneiras diferentes. Não há verdade absoluta nem regra de trabalho no Plano Espiritual. Nós, Espíritos, aprendemos a nos adaptar em cada ambiente de tarefa. O que importa não é a forma, é o resultado da ação junto a Cristo.

Uma mulher de cabelos pretos e ondulados, que iam até abaixo dos ombros e que estava com uma linda rosa na cabeça, vestia volumoso vestido vermelho, com desenhos de rosas em toda a sua extensão, sendo bordado com delicadas rendas brancas e pretas, aproximou-se de Pai Abelardo e disse:

— Boa noite, o senhor é o Pai Abelardo? Seja muito bem-vindo. Ouvi falar no trabalho que está realizando junto a alguns amigos. Espero que esteja gostando das nossas atividades.

— Sim, sou eu. Eu *tô* é gostando muito mesmo. Parabéns. E qual é a sua graça, moça festiva? Tão elegante! Parece até uma amiga minha, a Madame Nancy, ela também adora usar vestido de cor vermelha e rosas. *Ocês* iam se dar bem - respondeu Pai Abelardo, com um sorriso simpático.

— Me chamo Aurora, sou responsável pela Falange de Trabalhadoras Espirituais deste Templo, conhecida como Pombagira Rosa Vermelha. Todas nos apresentamos com esse pseudônimo, pois o que importa não são os nossos nomes e sim o nosso trabalho - explicou Aurora, que tinha um jeito muito confiante no falar.

— Está muito correto o pensamento. Não importa quem a gente é e, sim, o *trabaio* que a gente realiza com o nosso coração - refletiu Pai Abelardo.

— Exatamente, é assim que todos deveriam pensar. Infelizmente percebo que muitos encarnados ainda se prendem a rótulos, formas e nomes. Uma pena. Mas um dia conseguiremos que tenham mais entendimento - completou Aurora. — E será um prazer conhecer esta sua amiga. Traga-a qualquer dia! - finalizou com um simpático sorriso. — Agora, fique à vontade, irei realizar uma reunião com minhas meninas para definirmos detalhes da próxima gira na qual estaremos responsáveis. Até mais ver.

Pai Abelardo seguia observando os trabalhos, e o Espírito que se apresentava como Vovó Benedita conversou com Débora naquela noite e lhe deu bons conselhos e orientações. Atendendo ao pedido de Liana e de Carmen, orientou a jovem a procurar Maitê, para lhe dar auxílio e suporte. Tal fato surpreendeu em muito Débora, pois a médium desconhecia acerca da existência de Maitê e não teria como ser tão certeira se não fosse uma força maior guiando aqueles trabalhos.

Outra diferença que notei entre os trabalhos do Centro Espírita e da Tenda Espiritualista é que, no Centro Espírita, as comunicações são privativas ao grupo mediúnico e, raramente, em atendimentos fraternos, um médium permite que um Espírito se comunique. Já na Tenda era comum haver manifestações espirituais nos atendimentos.

Débora foi para casa refletindo e com o coração acalentado. Chegou, tomou banho, jantou com os pais, contou a respeito dos trabalhos na Tenda Espiritualista e, incentivada por sua mãe, enviou uma mensagem para Maitê a fim de cumprir o que lhe havia sido orientado espiritualmente.

Ervas de Ossain
Curam toda dor que tem em mim
Com fé em Deus
O mal-estar se esvai
E a minha saúde se refaz

CAP. 21

No Centro Espírita, finalizava-se uma assembleia geral extraordinária cujo propósito foi debater acerca dos caminhos trilhados pela diretoria executiva. Os associados acusavam os diretores de furtar bens e dinheiro que deveriam ser aplicados nos trabalhos assistenciais do Centro e exigiam uma prestação de contas. Infelizmente o clima estava denso e pesado. Tâmara e Alexandre acompanhavam o desenrolar da reunião e incentivavam o uso de palavras de baixo calão e a desordem que se instalava no ambiente.

Os poucos associados que restavam não estavam equivocados em suas acusações, infelizmente. De fato, a diretoria estava furtando os bens que deveriam ser voltados ao benefício daquela coletividade e havia corrupção. Mas não havia provas contundentes e, por isso, as acusações se tornaram uma defesa para os diretores, que ameaçavam chamar a polícia e processar os acusadores por difamação e calúnia.

Os trabalhos assistenciais do Centro Espírita estavam minguados, os estudos doutrinários esvaziados, as reuniões públicas em desordem e os tratamentos espirituais ineficazes, uma vez que as reuniões mediúnicas não serviam de nada, a não ser para receber mensagens falsas e obsidiar ainda mais os médiuns. A Espiritualidade Amiga já não atuava na Esfera Espiritual do Centro Espírita e como narrado anteriormente, o Ambiente Espiritual estava tomado pelos obsessores.

– Eu desisto, vocês venceram! São criminosos e

irão arcar com as consequências perante Deus! Aqui eu não fico mais, nem ponho meus pés - comentou uma jovem que saiu revoltada da reunião, sofrendo deboches dos obsessores.

A jovem saiu tão decepcionada com a sua vivência no Centro Espírita que, por um tempo, ficou descrente das religiões e sentia aversão ao Espiritismo, assim como Maitê. Encontrou-se novamente ao buscar consolo e amparo em uma Igreja, após severa crise depressiva. Dedicou-se à nova fé e tornou-se uma exímia pregadora do Evangelho, cumprindo o seu dever de falar sobre Jesus, mesmo que diferentemente da rota inicialmente planejada em seu planejamento reencarnatório. Era para ela ser uma exímia médium e palestrante espírita, entretanto, por meio do seu livre-arbítrio, mudou a rota, mas, no final, concluiu o seu objetivo reencarnatório de forma satisfatória, elucidando milhares de almas com suas palavras e seus ensinamentos cristãos.

— Vá, *vade* retro, Satanás! - dizia a presidente do Centro Espírita, em completo desequilíbrio. — Perturbada que "só Deus na causa"! E quem mais quiser ir, a porta da rua é serventia da casa. Vá e não volte mais. Nenhum de vocês, reclamões, fazem falta. Podem ir, parem de encher meu saco. Daqui eu não saio e daqui ninguém me tira, só a morte! Eu tenho uma missão trazida por Bezerra de Menezes!!

— Inclusive, nosso querido Bezerra está aqui e nos trouxe uma mensagem de apoio à nossa presidente e para toda a nossa diretoria - forjou Adalberto, que era diretor da Área Mediúnica. — Isso comprova, meus amigos, que vocês estão errados. Desculpem o nervosismo da nossa presidente, mas é muito duro para ela sofrer tais acusações, assim como para todos nós. Somos humanos. Leiamos a mensagem do irmão Bezerra - disse, com falsa modéstia e fraternidade.

— É inacreditável o que eles fazem. Olha que absurdo! Até parece que Bezerra iria se coadunar com isso - comentou uma senhora cochichando com seu marido. — Eu acho que a gente também tem é que meter o pé daqui e ir buscar outro lugar para trabalharmos, meu velho.

O casal se entreolhou e saiu, passando pelos corredores com os olhos marejados por ver que aquele ambiente que era tão feliz e harmônico tinha se transformado em um local completamente desequilibrado e sem futuro. Certos de que o Amparo Divino estava com eles, buscariam um outro Centro Espírita para trabalhar e, felizmente, após algumas visitas, foram bem acolhidos em uma nova Instituição que havia sido fundada há poucos meses e era muito carente de trabalhadores experientes. Jacira estava fazendo parte da Equipe Espiritual daquele novo Templo e ficou feliz em vê-los por lá.

Ao fim da assembleia, os diretores se reuniram e, verificando que a situação estava insustentável, com os crimes já sendo descobertos, alguns optaram por renunciar aos cargos, exceto a presidente e Adalberto, que estavam completamente fascinados com o poder e a ganância de controlar as pessoas.

Adalberto acalmou Matilde, a presidente, dizendo que resolveria o caso, mas, na verdade, queria aplicar-lhe um golpe e destituí-la da presidência para ficar no comando do Centro Espírita. Ao chegar em casa e narrar o ocorrido, claro que ocultando o que tinha de pior, Maristela foi convidada pelo marido para integrar a diretoria. Outros amigos próximos também foram convidados. Sua busca pelo poder e a ganância eram visíveis. Ele estava decidido a fazer de tudo para ter o poder, e tiraria Matilde do jeito que fosse necessário.

Maristela admirava a garra do marido em querer crescer no Movimento Espírita e não havia despertado para a negatividade e as más intenções dele, pois ele as ocultava. Já Maitê era esperta, sabia das intenções do pai e era radicalmente contra essa postura. Tinha cada vez mais aversão ao Centro Espírita por conta disso.

No Astral Inferior, Saiorai e Médice mentalizaram e se teletransportaram para dentro da cela de Joana, que estava chorando de cabeça baixa. Ela, ao perceber a movimentação daqueles Espíritos, com aquelas aparências, assustou-se:

— Quem são vocês? O que querem comigo, seus demônios? – indagou com rispidez, tentando se esquivar.

— Acalme-se, Joana. Sou eu, Médice, seu amigo. Talvez não se recorde rapidamente de mim, e confesso que esta minha roupa não ajuda muito, mas é uma forma de me disfarçar para vir lhe ajudar. Confie em mim - disse, tocando nos ombros de Joana, que se sentiu em paz e percebeu o amor e o carinho daquele gesto.

Médice e Saiorai deram as mãos à Joana e a levaram para fora daquela cela, encontrando com os outros do lado de fora, naquela mórbida região.

— O que vocês vão fazer comigo? - perguntou Joana. — Onde está Carlos? Precisamos ajudar Eduardo, eles querem fazer mal para Maitê. E Débora, o que aconteceu com ela? - a jovem falava nervosa, sem parar.

— Acalme-se, Joana. Todos nós vamos te ajudar e você terá todas as respostas. Carlos está bem, você poderá visita-lo assim que se restabelecer um pouco. - explicou Saiorai.

— Saiorai e Nídia, vocês podem levá-la para o Pronto-Socorro na Tenda Espiritualista? - pediu Médice.

— Claro! Vamos, Joana? - Nídia estendeu a mão para a jovem que olhava para ela com medo e confiança ao mesmo tempo.

Joana, Nídia e Saiorai seguiram. Eu e Médice continuaríamos procurando por Dalila, enquanto Alluna e Tupinambá buscariam saber mais sobre Eduardo.

Alluna e Tupinambá caminhavam pelas ruas e dialogavam a respeito da situação vivenciada pelos jovens:

— Quando estive aqui com Nídia, pudemos ouvi--los planejando que queriam fazer mais escravizados e que esse era o objetivo de incentivar os jovens aos desregramentos. Assim, eles ficariam completamente desequilibrados e, no ato da desencarnação, estariam afastados da Espiritualidade Superior e seriam mais facilmente sequestrados e trazidos para cá, com a finalidade de serem chantageados a trabalhar para as forças das trevas - comentou Tupinambá, recordando-se do que tinha ouvido.

— Nossa, isso parece um filme! - comentou Alluna.
— Espíritos que tentam sequestrar outros para trabalharem nas forças das trevas! Se todos se dessem conta de que nosso bem ou mal-estar no Plano Espiritual depende apenas de nós mesmos e da nossa sintonia, todos seriam muito mais vigilantes durante a encarnação - ponderou.

CAP.
22

Eu e Médice chegamos no local em que Dalila estava. Após ter entregado Joana e Eduardo a Alexandre, Dalila estava impedida de sair do ambiente em que se encontrava porque Magno não confiava plenamente nela para agir contra Maitê. O chefe daquela Falange ordenou que Dalila ficasse sob constante vigilância e em situações que promovessem ainda mais sofrimento, a fim de ter a garantia de que ela seguiria com os planos sórdidos, com todo ódio e raiva que tinha dentro de si, para não passar novamente pela experiência negativa e dolorosa à qual estava sendo submetida.

Guardando o casebre em que ela estava, estava o Espírito de um rapaz muito magro, com olheiras profundas, parecia um zumbi. Andava de um lado para o outro com olhar frenético, assustando com urros e movimentos bruscos todos os Espíritos que buscavam se aproximar do local. Era uma cena deplorável! Via diante dos meus olhos mais uma criatura perdida, agindo de forma desproporcional e desequilibrada.

Aproximamo-nos, e o Espírito ficou nos olhando com receio, em especial para Médice. Visualizava em seus olhos o temor e ao mesmo tempo o respeito.

— Quem são vocês? O que vocês querem? - vociferava, mas sem nos afrontar demasiadamente.

— Queremos e vamos entrar - Médice disse secamente, apontando o tridente para a porta de entrada, em direção ao Espírito que, assustado com o objeto, esquivou-se.

— Eu não posso deixar não, senhor - respondeu com a voz trêmula.

— Pode e vai - respondeu Médice, igualmente de forma seca, fazendo com o tridente um movimento para dar passagem.

Compreendendo a encenação que meu amigo fazia e captando seus pensamentos, peguei meu leque e o abri bem teatralmente:

— Vamos, rapaz, saia da frente. Iremos passar agora. Dê-nos licença - disse com voz firme. — Você não manda em nós. Deseja nos afrontar?

Ele ficou imóvel e começava a nutrir forte sentimento de raiva, com intuito de nos afrontar. Fomos andando em sua direção com passos firmes e com fé. Uma moto veio correndo ao mesmo tempo e parou perto de onde estávamos:

— Algum problema com este rapaz? Querem ajuda para algo? - uma voz firme disse.

Assustado com o movimento brusco e a poeira levantada pelo motociclista do Além, o Espírito que guardava a entrada do casebre correu assustado. Na moto estava Allan, o amigo motoqueiro de Nídia, que havia sido informado por ela que estávamos naquela aventura e que, passando por ali e vendo a situação, teve a intuição de nos dar uma forcinha. O trabalho em equipe é sempre sensacional.

— Prazer, me chamo Allan. Sou amigo de Nídia!

Ela comentou que vocês estariam aqui buscando ajudar uma jovem perdida que está aí dentro. Eu a conheço, é a Dalila! Tem uma outra dupla de amigos de vocês buscando um jovem que está sequestrado, não é? - Comentou o rapaz.

— Isso mesmo, estamos hoje tentando realizar esses auxílios. Se Deus permitir, faremos os resgates. Eu sou o Médice, e esta é a Nancy - comentou o amigo que me acompanhava.

— Pelas características, logo os reconheci. E pelas energias também, é claro - disse o rapaz de longe. — Precisando, é só usar a força do pensamento que venho auxiliá-los - disse, acenando com as mãos, e saiu em disparada com a sua moto para prestar socorro em um Vale de Espíritos viciados em drogas.

Confesso que estava gostando da experiência. Adorava ser teatral e estava podendo pôr em prática esse *hobby*. Eram situações inovadoras que eu não tinha cogitado vivenciar até então. Deus utiliza de todos nós e das nossas potencialidades para fazer o bem, e é gratificante compreendermos isso.

Ao chegar na Tenda Espiritualista acompanhada de Saiorai e Nídia, Joana foi recebida por Aurora e, após breve diálogo, foi encaminhada ao repouso para descansar e refazer as energias. Passou por uma breve triagem e recebeu uma medicação para adormecer.

— No momento isso é o melhor para ela. Não está em condições de dialogar e muito menos de ver Carlos. Iremos providenciar a vinda de sua avó materna e de uma tia, com as quais era muito apegada quando criança, para estarem por aqui quando ela despertar. No período em que ficará adormecida, os Trabalhadores Espirituais da Tenda buscarão realizar os contatos necessários com o propósito de obter autorização para essas visitas - ponderou Nídia. — O pai falecido de Carlos chegará por aqui hoje e poderemos despertá-lo aos poucos.

— É muito importante ter nossos entes queridos e amigos junto de nós quando despertamos. É uma dádiva! - comentou Saiorai. — Eu me recordo que fui recebida por minha vovozinha e, mesmo diante de todos os traumas e sofrimentos, a presença dela foi um alento para meu coração dilacerado.

— Todos temos amparo, basta nos sintonizarmos com Deus e termos merecimento - elucidou Nídia.

Alluna e Tupinambá, infelizmente, não lograram êxito em resgatar Eduardo. Ele estava absorto em pensamentos negativos e não dava brechas para o diálogo naquele instante. Respeitando o tempo de cada um, nossos amigos regressaram ao trabalho no Astral Superior com o objetivo de aguardar o momento adequado para orientar aquele companheiro.

Uma ligação de Débora chegou no celular de Maitê, que se assustou com a notificação no visor. Fazia tempo que elas não se falavam, viram-se apenas socialmente nos velórios dos amigos. Estavam, como dizem por aí no plano dos encarnados, "sem assunto". E qualquer conversa remetia a lembranças dolorosas das quais ambas se esquivavam. Do grupo de cinco amigos, restaram apenas elas duas.

— Alô! Débora? - atendeu Maitê, um pouco desconfortável e sem graça.

— Oi, amiga. Quanto tempo... - respondeu Débora, igualmente sem graça. — Nossos últimos encontros não têm sido em situações muito agradáveis, não é? - E ficou alguns segundos em silêncio. — Bom, pode parecer estranho eu ligar do nada para fazer um convite, mas queria te chamar para sair.

— Agradeço, mas recuso a ideia, Débora. Não estou com vontade de ir para festas, nem nada do gênero. Prefiro ficar em casa, no meu quarto e isolada. Ando pensando um pouco na vida e confesso para você que um pouco desanimada para essas andanças - comentou Maitê.

— Não é para balada, não, amiga. Estou frequentando uma Tenda Espiritualista que me tem feito muito bem, me ajudado muito, queria que fosse um dia lá comigo - argumentou Débora. — Eu sei que você tem os seus grilos com religião, tem todas as histórias que conta dos seus pais no Centro Espírita, mas esse lugar é diferente. É muito bom, vamos comigo, um dia só! Só *pra* conhecer, tomar um passe...

— Mas olha só quem fala em tomar passe! Quem te viu, quem te vê, hein? - brincou Maitê, pois Débora era um pouco cética antes do trágico acidente.

— É, amiga, as coisas mudam. As pessoas mudam - disse Débora. — Vou te contar algumas experiências, está com um tempinho? Vou te chamar no vídeo.

Maitê e Débora iniciaram uma videochamada e ficaram horas conversando, desabafaram, falaram sobre o passado, o acidente, religiões e a Espiritualidade. Maitê comentou sobre seus sonhos comigo, sobre a má ideia que seus familiares tinham de mim, e Débora, inspirada por Liana, explicou, com base no que conhecia, a visão que possuía acerca dos fatos, acalentando o coração de minha tutelada.

Pedro acompanhava a cena com felicidade e carinho e buscava amparar Maitê com bálsamos de luz em prece, enquanto o diálogo transcorria. Terminada a conversa, o assunto ficou ruminando na mente de Maitê e, ao dormir, desprendendo-se do corpo físico, Pedro a encontrou no Plano Espiritual e a incentivou a visitar a Tenda frequentada por sua amiga.

— Mas, Pedro, eu cresci em um lar espírita. Vou a um lugar espiritualista? Meus familiares jamais irão aceitar - argumentou Maitê. — Eu até tenho vontade, não concordo com a visão que eles me apresentam daquela sua amiga, que nem sei o nome, mas que eles chamam de Pombagira. As explicações de Débora fazem muito mais sentido para mim e têm muito mais a ver com o que aprendi sobre os Espíritos por meio dos estudos da Mocidade Espírita. Apesar de nunca mais ter me interessado em estudar o Espiritismo, pelos motivos que você sabe bem, eu guardo os ensinamentos. Eu não os esqueci.

— Minha querida, seus familiares estão equivocados quanto à nossa amiga, você sabe disso. O entendimento espírita, doutrinário, é diferente do que eles espalham, e você sabe disso também. As falas, os pensamentos, as atitudes deles não condizem em nada com o que é pregado pela Doutrina, e, novamente, você sabe disso; então, tire o receio do seu coração e siga em paz buscando a sua compreensão dos fatos - comentou o Amigo Espiritual. — Você não se sente à vontade nas searas espíritas, e está tudo bem, você tem os seus traumas e as suas questões. O conhecimento espiritual não é único e exclusivo dos Espíritas. Aliás, os ensinamentos do Espiritismo podem ser estudados e analisados por todos os povos e todas as culturas, independente de crenças e religiões. Lembre-se de que a Doutrina Espírita é composta pelos ensinamentos dos Espíritos, codificados por Allan Kardec, já o Movimento Espírita é a organização social dos Homens encarnados para estudar e propagar os ensinamentos. São coisas diferentes. Onde você estiver, no Templo em que estiver, mesmo fora do Movimento Espírita, poderá utilizar os ensinamentos da Doutrina Espírita.

– E não seria mesmo errado eu tendo conhecimento da Doutrina Espírita, frequentar outras religiões? Eu acredito nos Espíritos, gosto do que aprendi com a Doutrina, mas tenho pavor do Movimento Espírita, pelo que vejo de hipocrisia dentro de minha própria casa, e por tabela acabo ficando desgostosa de estudar a Doutrina Espírita, apesar de saber que são coisas diferentes. - Maitê lamentava, aflita.

– Garota, para com isso! Eu já disse, se você não quer se envolver com o Espiritismo, sem problemas, mas busque a Espiritualidade em qualquer outro canto então, já que sozinha você também não consegue. - Pedro mexia nos cabelos dela. – Você pode ter o conhecimento espírita e usá-lo para benefício de si mesma e da Humanidade. Além disso, outras religiões também possuem lições belíssimas e ensinamentos que são equivalentes àquilo que os Espíritos levaram a Kardec. Ou você acha que só os Espíritas têm a Verdade Absoluta e Irrevogável? Não se prenda a essas questões. Siga em busca da Espiritualidade. Só isso que seu amigo te pede. Por favor.

Maitê despertou com serenidade em seu coração e, sentindo-se confiante de que deveria ir conhecer a Tenda Espiritualista, ligou para Débora e disse que aceitava o convite. Combinaram o dia da visita.

CAP. 23

Adentrei ao casebre junto com Médice, e Dalila estava deitada, choramingando de dor e de fome. Ainda era muito presa às sensações da matéria. O sofrimento estava lhe pesando cada vez mais. Ela já não tinha forças para lutar nem contra si mesma.

— Dalila - sussurrei, aproximando-me e estendendo a mão agachando-me perto dela. — Venha. Dê-me a sua mão. Vamos sair daqui, estou aqui para te ajudar.

— Nós vamos te levar até Maitê - ponderou Médice e, ao ouvir isso, de pronto estranhei, mas confiava em seu trabalho e planejamento, olhei para ele e aguardei para ver onde ele iria chegar. — Nós vamos te ajudar a sair dessa situação. Vamos, nos acompanhe e irá até Maitê.

— É... eu preciso ir até Maitê. Ela tem que me pagar - falava Dalila quase sussurrando. — Só assim eu vou ter paz, eles me obrigam a isso, eu já nem queria mais, entretanto essa garota é tão insuportável que, mesmo eu desistindo de persegui-la, a existência dela me faz sofrer e eu preciso realizar essa vingança para ter sossego - falava sem fôlego e chorando.

— Que situação complicada e dolorosa. Ela não deseja mais perseguir Maitê, contudo se sente obrigada a continuar, acredita que só terá a paz que almeja se prosseguir com a vingança. Está completamente enganada pelos Espíritos levianos que a estão manipulando. Não compreende que a paz depende apenas de si mesma, de se autoperdoar e perdoar quaisquer que tenham sido os erros do passado que envolveram ela e Maitê - levantei-me e comentei com Médice.

Ele então, ponderou:

— No pretérito, em vida anterior, quando Maitê estava encarnada como Aurélio, mantinha um relacionamento com Dalila e largou-a na miséria, e isso a levou a muito sofrimento, perdeu tudo, família, amigos, prestígio - iniciou Médice, afastando-se de Dalila para que ela não escutasse e levando-me próximo à porta, apesar de ela estar tão absorta em seus lamentos que sequer nos compreendia direito.

— E o que levou a esse abandono? - perguntei interessada, mas sem ser indiscreta.

— O abandono de Aurélio foi para pôr em prática a fuga com um novo amor, Judite, que era Pedro naquela reencarnação - completou o amigo. — Aurélio era muito mulherengo, adorava encantar belas moças. Verificamos que Maitê ainda carrega esses traços de personalidade que refletem as tendências de seu Espírito.

— Sim, sempre foi uma jovem sedutora, que gostava de ter os rapazes aos seus pés, mas isso antes do acidente. Nos tempos atuais ela já não está nessa sintonia, graças a Deus e à reforma íntima que está realizando aos poucos - ponderei de forma justa.

— De fato, o acidente, o choque de ver a morte de perto e o falecimento dos amigos a deixaram abalada e pensativa. Mas essa tendência que ela demonstrou durante a reencarnação tem uma explicação nessa questão. E Dalila a incentivava a ampliar esses desejos com a intenção de fazê-la se desequilibrar, com intuito de vingança - explicou Médice.

— Compreendi. Mas por qual motivo Judite se apresenta com a aparência de Pedro? - perguntei, pois estava tentando montar o quebra-cabeças em minha mente.

— Pedro é a roupagem que Judite teve na última encarnação. Dos três Espíritos envolvidos na trama que narrei, foi o primeiro a poder escolher reencarnar. Faleceu jovem, aos 26 anos - detalhou Médice. — Durante sua trajetória reencarnatória, Dalila e Aurélio seguiram no Astral Inferior como gato e rato. Somente após retornar à Pátria Espiritual, Pedro, voltando à roupagem de Judite, conseguiu resgatar Aurélio, pois ele nutria por ela um verdadeiro amor. Vítima de uma terrível doença, as mulheres não o queriam mais na última encarnação e Judite ficou com ele até o fim, demonstrando-lhe genuíno amor e conquistando-o verdadeiramente pela amizade e fraternidade.

— Nossa, que bonito e forte também! - comentei, encantada em saber detalhes da trama que me era descortinada.

— Dalila revoltou-se ainda mais ao saber disso e se recusava a ser ajudada, prometendo vingança. Aurélio teve oportunidade de aprendizado e conhecimento, ganhando a chance de reencarnar como Maitê. Já Judite ficou por aqui e optou por retornar à aparência da encarnação mais recente, como Pedro, assumindo a responsabilidade de ser o Mentor Espiritual de Aurélio reencarnado, ou seja, de Maitê. - explicou Médice. — E, enquanto isso, Dalila seguia nutrindo ódio e rancor em seu coração, aproximando-se de Maitê e tornando-se sua obsessora. Encontrou brechas quando, ainda muito jovem, Maitê se decepcionou com as lides do Movimento Espírita e afastou-se de Deus e da Espiritualidade, seguindo por caminhos tortuosos. Em outras oportunidades Pedro já tentou influenciá-la a buscar a Espiritualidade em outros ambientes, em outras religiões, ou sem qualquer vínculo religioso, mas ela escolheu dar ouvidos a Dalila e não a ele. Agora, talvez ele consiga o seu intento; assim todos esperamos.

— É o livre-arbítrio, não é, meu amigo? Pelo menos ele faz a parte que lhe cabe e tem a consciência tranquila, em paz, porém nunca me revelou os detalhes da trama que os envolvia. Estou bastante surpresa - comentei.

— Ele é bastante reservado. Estou compartilhando com você porque é chegada a hora de resgatarmos Dalila e considero justo que você compreenda toda a história. Mesmo querendo sair da zona em que se encontra, ela acredita que não consegue se desvencilhar das ordens nefastas que é obrigada a seguir - informou Médice.

– Acredito que Maitê irá com Débora à Tenda Espiritualista na qual Carmen está trabalhando, ao lado de Liana. Creio que Pedro tenha conseguido influenciá-la de forma positiva. Maitê está cada vez mais protegida e equilibrada espiritualmente. Será bom aproximarmos, com cautela, Dalila de Maitê, para que ela possa ser resgatada em um dos trabalhos da Tenda - pontuei.

– É exatamente essa a minha ideia. Leu meus pensamentos! - finalizou Médice.

Aproximamo-nos novamente de Dalila e estendemos as mãos, segurando-a e levantando-a. Então, nos encaminhamos aos aposentos de Maitê.

CAP. 24

— Chegamos no quarto da loirinha chata - falou Dalila, sem forças. — Olha o chato ali. - E sentou-se numa poltrona, caindo de cansaço.

— Como vai, Dalila? Mesmo em sofrimento, não perde a oportunidade de me menosprezar, mas eu não levarei para o pessoal. Tome este chá, irá lhe fazer bem e revigorar suas forças. Você está com fome. - Aproximou-se Pedro, dando-lhe uma caneca.

— Eu não vou tomar isso, pode estar com veneno. Eu não gosto de você e você quer me ajudar para quê? Não confio em você - disse Dalila, tossindo.

— Primeiro você sempre diz que sou bonzinho demais e chato, agora acha que desejo envenená-la? Ah, Dalila, decida o que pensa de mim! Além do mais, sejamos racionais - disse Pedro, sentando-se na beirada da cama em que Maitê dormia e olhando para Dalila, argumentou. — Você já está morta, assim como eu. Assim como todos nós que estamos aqui, menos Maitê, é claro. Então, nenhum suposto veneno te mataria. Você é inteligente o suficiente para raciocinar sobre isso.

Confesso que considerei a leveza e o humor de Pedro peculiares e segurei o riso em respeito ao momento. Observei que, enquanto Maitê dormia, seu Espírito pairava alguns centímetros acima de seu corpo físico e, ao redor, protegendo-a como uma redoma, um círculo rosado a deixava como dentro de uma cápsula. Era uma proteção magnética sustentada por Pedro, com o intento de proteger o Espírito de Maitê das influências perniciosas de Dalila, um benefício que a jovem tinha agora, em virtude das elevadas vibrações que manteve nos últimos dias.

Dalila tomou o chá. A fome falava mais alto do que o rancor e o orgulho. Em seu íntimo, ela sabia que Pedro era uma boa pessoa e recordava-se do pretérito, sabendo que Judite não tinha culpa dos equívocos de Aurélio. Ela apenas escolhia alguém a mais para culpar, e, como Pedro ajudava Maitê a se estabilizar e a evoluir, em sua mente perturbada, ele merecia também seu desprezo. Entretanto, o constante ato de amor e carinho lhe tocava cada vez mais o íntimo. E, naquele momento, mediante sua fragilidade, Pedro, que poderia se negar a auxiliá-la, dar-lhe sermões, maltratá-la, cuidava dela, demonstrando a sua elevação espiritual.

— Eu vou ficar aqui, acompanhando a loirinha e vocês não vão me retirar. Este aqui, da capa preta, me prometeu que eu ia ficar com ela. Eu preciso agir para ter paz - disse Dalila e, ao olhar para Médice, completou: — Ué, trocou de roupa? Virou o chato dois, todo de branco, coisa mais sem graça.

— Não há necessidade de usar aquela vestimenta neste momento. Este é o meu visual corriqueiro - argumentou Médice. — E, como eu disse, você pode ficar aqui, pode acompanhar Maitê, sem problemas. Mas sempre um de nós vai estar junto também.

— Isso você não disse, mentiroso! - Dalila queria

se alterar. — Achei que fosse me ajudar - e, olhando para mim, comentou: — E você continua com este vestido vermelho? Não vai ficar de branquinho também, não?

— Não, Dalila. Gosto do meu vestido. É vibrante, não acha? Combina comigo - respondi educadamente. — Mas não chame Médice de mentiroso. Ele disse que nós vamos te ajudar e estamos te ajudando. Em momento algum ele disse que você estaria sozinha. Nós estamos com você, justamente para te ajudar. Aliás, desde que conheci vocês todos, eu nunca vi ninguém te mandando embora, sempre foi você quem quis sair quando eu ou Pedro chagávamos. Eu acho que você tem que continuar mesmo por aqui, a gente não vai fazer nada contra você.

Dalila nos olhava um pouco desconfiada, mas em seu íntimo se sentia aconchegada, porque sabia que estava amparada, porém, não queria dar o braço a torcer.

O horário de Maitê e Débora irem para a Tenda Espiritualista chegou, e a amiga de Maitê foi buscá-la em casa. Dalila acreditava que elas iriam retornar com a vida desregrada e estava aguardando o momento de acompanhá-las. Eu e Pedro mantínhamos o silêncio sem revelar que sabíamos para onde elas iriam e que nosso objetivo também era levar Dalila para ser socorrida na Tenda Espiritualista, na qual Carlos e

Joana já estavam sendo amparados espiritualmente. Médice já havia ido para lá e acompanhava o diálogo que se seguia.

— Obrigada pelo acolhimento de vocês. Adorei rever Carlos, conversar um pouco com ele. Tive a oportunidade de conhecer o pai dele, muito simpático. Bom saber que meu amigo esteve com parentes queridos, assim como eu, que tive a felicidade de despertar e encontrar minha vozinha e minha tia tão amada. Vocês são demais! Mesmo! - Joana agradecia, estendendo as mãos para Médice e Aurora, e encostando a cabeça nos ombros de Saiorai.

— Fazemos o que podemos para benefício dos nossos abrigados. Nossa Tenda é um Posto de Socorro Espiritual e estamos em contato constante com outros Postos e Colônias Espirituais. Não foi fácil encontrar os contatos e conseguir a liberação para que os parentes de vocês viessem; tivemos um grande trabalho de logística, mas tudo dá certo quando feito com amor e fé em Deus - respondeu Aurora.

— Deus nunca nos desampara. Eu sou grata pelo trabalho e pela oportunidade de servir. Estou amando essa experiência. Fiquei triste quando desencarnou, achei que tinha falhado na minha missão de ajudar Médice a te orientar, mas vejo que o seu despertar está acontecendo e isso reconforta meu coração - comentou Saiorai, que recebeu um olhar de concordância do Mentor de Joana.

— Hoje é dia dos trabalhos organizados pelas

minhas meninas. É dia de gira das Pombagiras! O ambiente aqui no Plano Espiritual já está preparado desde cedo. Fico muito empolgada e feliz de ver o compromisso dos encarnados e a felicidade deles em organizar cada dia de gira - comentou Aurora. – Escutem só a canção que eles fizeram em homenagem à nossa Falange. Que linda!

Joana, Médice e Saiorai acompanharam Aurora e admiraram a cantoria dos encarnados que se preparavam no ambiente para começar os trabalhos da noite.

Com uma bela rosa na cabeça

Tem postura confiante e olhar penetrante

Mantém um sorriso constante e cativante

É a Pombagira Rosa Vermelha

Trabalhadora das Falanges de Jesus

Nos auxilia com proteção e luz

É a Pombagira Rosa Vermelha

Que a todos ao caminho do bem conduz[7]

A canção era entoada por homens e mulheres, como um grande coral, e a energia de fé emanada daquela canção refletia-se em um brilho dourado e vermelho que preenchia todo o ambiente.

---

7 Ditado pelo Espírito Maria Alice ao médium Murilo Viana, na noite de 6 de dezembro de 2023, com o objetivo de compor a presente obra literária, a pedido de Nancy, a Autora Espiritual.

CAP. 25

Eduardo estava reunido com outros Espíritos e sendo observado, enquanto todos recebiam orientações de Magno, à distância, por meio de uma videochamada, reproduzida em um grande telão. O jovem, amigo de Maitê, estava interessado em saber como poderia agir para ganhar os benefícios que lhe eram prometidos e satisfazer ainda mais as próprias viciações. Chamado em particular, após a breve e nefasta reunião, dialogou com Alexandre:

— Hoje soube que Maitê vai com Débora para uma Tenda Espiritualista. Veja se pode, ficaram carolas de religião. Carlos e Joana estão por lá também, traidores! - comentou com repulsa e inveja daqueles que até então eram seus amigos.

— Está vendo, Eduardo. E ninguém pensou em você, em te ajudar. Mas você é quem se deu bem. Está alimentando os prazeres que sempre desejou e poderá crescer, ganhar cada vez mais poder em nossa Organização. Depende apenas de você se alinhar efetivamente ao lado correto da força - atiçou Alexandre, com intuito de deixá-lo com raiva e alimentar seu ego.

— O que quer que eu faça? Estou do lado de vocês, não estou? - perguntou o jovem rapaz.

— Vamos tentar atacar aquele pardieiro em que seus ex-amigos estão. Aquele lugar é horrível, fazem lavagem cerebral nas pessoas, encarnadas e desencarnadas, a fim de convertê-las ao suposto Cristo. Mas são infames e imorais. Os seus ex-amigos mesmo, nenhum deles é santo como querem parecer. Olha como são maldosos, enganadores, falsos profetas! - Alexandre disse sadicamente, tentando manipular a mente de Eduardo, que, absorto em sentimentos de ordem inferior, caiu na armadilha.

No Astral Superior, sentada em um banco da Praça Central da Colônia, Alluna dialogava com Doralice:

— Que triste ver o caminho que meu Eduardo trilhou. Eu não consigo sequer me aproximar dele. Será que falhei tanto assim em minha missão? - Doralice lamentou enquanto brincava com uma margarida.

— Minha amiga, não nutra esse sentimento e muito menos esse pensamento. - Carinhosamente, Alluna afagou os cabelos de Doralice e disse: — Você sabe que fez o seu melhor, mas todos nós temos o livre-arbítrio. Eduardo fez as escolhas dele de forma consciente.

— Eu sei, contudo, é inevitável a tristeza, ainda mais tendo a certeza de que a colheita para os erros de agora será obrigatória, cedo ou tarde - lamentou a Mentora de Eduardo. — Mas continuarei em vibrações por ele e, quando Eduardo despertar, estarei de braços abertos para lhe acolher. Irei correndo ao seu encontro, basta ter a oportunidade. Quando der, tentarei visitá-lo e despertá-lo para a iluminação de si mesmo.

— Enquanto isso, siga a sua trajetória buscando a evolução e o crescimento. Eu vejo o quanto você se empenha em cuidar de Eduardo e agora é hora de cuidar de você um pouco mais - orientou Alluna. — Vou te confessar um segredinho.

— Qual? Conte-me! Você sabe que sou curiosa demais! - Doralice se empolgou.

— Eu busquei conhecer mais a dinâmica da Cidade das Trevas no Astral Inferior, com a finalidade de conhecer o processo que envolve os irmãos perdidos que ali se encontram, mas, principalmente, para compreender como te ajudar a orientar e resgatar Eduardo; até fui me encontrar com ele junto a Tupinambá, porém não obtivemos êxito. Não quis te contar antes para não gerar nenhum tipo de expectativa.

Doralice ficou emocionada com o gesto de carinho da sua amiga. Alluna explicou detalhes sobre o que vivenciou e sobre o que percebeu do ambiente, com o intuito de que Doralice começasse a tomar conhecimento, e lhe repassou um convite que havia recebido de Pai Abelardo para estarem presentes nas atividades da Tenda Espiritualista daquele dia.

Eduardo estava junto com Tâmara em frente à Tenda Espiritualista; os dois foram mandados para lá com o objetivo de tentarem perturbar o ambiente e aguardavam para adentrar. Tâmara, um pouco mais experiente nessas atividades, comentou:

– A proteção deles é boa. Semelhante à que era utilizada lá no Centro Espírita frequentado pela família de Maitê.

– E como fazemos para passar pelas barreiras? - questionou Eduardo.

– Vamos tentar. Siga-me e veja se aprende. - Tâmara caminhou em direção à entrada. – Aqueles ali são uma espécie de Guardas Espirituais. É uma roupa diferente da que os do Centro Espírita usavam, por lá eles tinham um uniforme e pareciam militares.

A Tenda ficava na esquina de uma pacata rua e tinha um largo e grande portão branco, onde estavam na frente dois Espíritos Guardiões que vestiam a típica roupagem fluídica dos chamados Exus, ou seja, calça e sapatos pretos, blusa branca, uma capa preta por fora e vermelha por dentro, um chapéu preto, e cada um segurava um tridente dourado. Aquela aparência era necessária para que os médiuns videntes daquela Tenda tivessem confiabilidade.

Não apenas eles, mas outros Espíritos que trabalham na Tenda Espiritualista costumavam manter a aparência perispiritual de Exus, Pombagiras, Caboclos, Pretos Velhos e Ciganos. Entretanto isso não impedia que Espíritos que se vestiam como médicos, padres, freiras, rabinos e outros estivessem presentes. Aquele lugar era um exemplo de acolhimento para todos, algo que infelizmente não ocorria no Centro Espírita, agora presidido por Adalberto, que conseguiu o que tanto almejava: destituir Matilde da presidência e assumir o poder.

Eduardo e Tâmara conseguiram adentrar, com autorização dos Guardiões, mas estavam sendo acompanhados por Ramon, o mesmo Guarda Espiritual que estava no trabalho de socorro aos jovens no acidente, mas que, para os trabalhos que eram realizados naquela Tenda, apresentava-se nas reuniões e era conhecido pelos médiuns como Exu Tranca Rua das Almas.

CAP. 26

No Centro Espírita, Adalberto seguia satisfeito por ter conseguido assumir o cargo que tanto almejava, a presidência, mesmo que, para alcançar seus intentos, tenha precisado usar de ações de baixa moral, com o propósito de destituir Matilde.

Os Bons Espíritos já não frequentavam aquele ambiente. Todas as atividades do Centro estavam sendo realizadas de forma completamente inadequada e descompromissada; havia poucos trabalhadores voluntários e frequentadores, no entanto Adalberto pouco se importava com isso, seu objetivo era alimentar e satisfazer o próprio ego. Estava cego pela vaidade.

Com intuito de comemorar com sua esposa Maristela e alguns amigos, saíram para um grandioso restaurante. A conta foi paga com o dinheiro do Centro Espírita e acreditavam que estava certo, pois a comemoração era em torno da Instituição e consideravam que os Bons Espíritos os acompanhavam na festa. Quão ledo engano! Estavam angariando cada vez mais débitos por suas ações. E quanto aos Trabalhadores Espirituais, longe deles estavam cada vez mais, ocupados fazendo o bem onde a soberba, a vaidade e o ego não tinham espaço.

Maitê e Débora chegaram na Tenda Espiritualista. O ambiente era de muita paz e serenidade. Eu e Pedro as acompanhávamos e levamos conosco Dalila, que a tudo olhava com desdém e antipatia.

No Plano Terreno, as jovens foram recebidas por um rapaz que vestia uma roupa toda branca, um colar de pedrinhas brancas e verdes e carregava em torno de si uma belíssima energia de fé e amor. Ao fitar os olhos cor de mel daquele rapaz e ao ver o seu sorriso, Maitê sentiu-se extremamente encantada e apaixonada à primeira vista. Ele, por sua vez, ao ver adentrar na Tenda aquela jovem com um belo vestido esvoaçante e de cabelos reluzentes como o ouro, igualmente encantou-se de imediato.

— Prazer, meu nome é Lírio - comentou o jovem rapaz, aproximando-se das jovens e estendo a mão para Maitê. — E você, como se chama? É a sua primeira vez aqui conosco, não é?

— Sim, é minha primeira vez, estou maravilhada com a beleza do lugar. É tão aconchegante e acolhedor. Muito bem-organizado. Adorei aquele altar ali. Posso ver de perto? - perguntou, apontando para uma parede que continha um desenho colorido de Jesus ao lado de representações em imagem dos que seriam alguns dos Orixás. No altar havia elementos comuns para aqueles frequentadores, como imagens representando Entidades Espirituais, flores, ervas e velas. Era um espaço muito bem-iluminado e organizado. Via-se capricho em todo o ambiente.

— Claro, eu vou com você. Vamos! - respondeu o empolgado rapaz, que sustentava os olhos nos olhos de Maitê.

— Oooi, Lírio. Tudo bom, amigo? Também cheguei! - comentou Débora, brincando com o rapaz.

— Ah, oi, Débora! Como vai? - cumprimentou-a Lírio, dando-lhe um abraço. — Desculpa não ter falado com você!

— Nem precisa explicar. Eu vou ali resolver um assunto e já volto. – Apontou para um canto em direção a algumas pessoas. — Amigo, eu já volto. Vai lá ver o altar, vai, ele vai amar te mostrar. – Débora, percebendo que ambos tinham se atraído mutuamente, deixou-os a sós para que pudessem se conhecer.

Aqui do outro lado, fomos recebidos por Aurora. Ao vê-la encantei-me com a sua beleza e o seu empoderamento. Felizmente a recíproca foi a mesma, identificamos de pronto a afinidade entre nós.

— Bem-vindos! Que bom que conseguiram trazer a jovem Maitê - comentou Aurora de forma animada, e, olhando para a nossa tutelada, disse: — E percebo que ela já está bem entrosada e encantada com o ambiente e, em especial, com o rapaz que conversa com ela. Faço gosto! Lírio é um excelente rapaz. Já quero casório! – comentou, dando uma gostosa gargalhada. — Sem ciúmes, hein, Pedro!

— De forma alguma. Eu e Maitê, em vidas pretéritas, tivemos um caso de amor. Mas o amor genuíno não prende as almas umas às outras. Desejo que Maitê encontre um relacionamento saudável e siga equilibrada e feliz – comentou Pedro, com amorosidade. — Se é um bom rapaz, também faço gosto que se conheçam - finalizou brincando.

E, olhando para mim, Aurora prosseguiu, efusiva:

— E não creio, você deve ser a tão famosa e falada Madame Nancy, a espanhola! Acertei?

— *Yo soy!* - Abri meu leque teatralmente e ambas demos uma gostosa gargalhada, abraçando-nos em cumprimento. — Só não sou famosa! E você, como se chama?

— Pombagira Rosa Vermelha! - disse dando uma volta em torno de si, esvoaçando seu vestido vermelho e fazendo um gesto com as mãos ao lado da cabeça. — Interpretações teatrais à parte, me chamo Aurora. Percebo que temos afinidade, possuímos a mesma energia! Você tem uma elegância teatral e extremo bom gosto! Mulher, que vestido lindíssimo! Que batom! E como é magnífica essa rosa que tem no cabelo, que charme! Amei!

— Nossa, já não bastava uma espalhafatosa, agora são duas! - disse Dalila, com desdém e revirando os olhos. — É para isso aqui que vocês me arrastaram? Chatos, chatos, chatos... pelo visto me ferrei em resolver seguir vocês.

Aurora, ouvindo o lamento e observando Dalila, aproximou-se dela, com seriedade e firmeza. Ao mesmo tempo em que era festiva e alegre, assumia uma postura exemplar diante dos trabalhos a serem realizados. A sua festividade não significava falta de comprometimento.

— E você, como se chama? - Segurou o queixo de Dalila e tentou fitá-la nos olhos, mas ela os desviou de Aurora. — Olhe para mim enquanto falo com você, por gentileza. Como se chama?

— Dalila. E sai de perto de mim, desencosta, espalhafatosa! - Dalila falou. Ela sempre buscava humilhar as pessoas ao seu redor chamando-as pejorativamente.

— Minha querida, quanta amargura em seu peito, em seu coração - Aurora comentou. — Você é tão bonita, é tão bela. Vejo no fundo de seus olhos que já teve uma beleza estonteante, mas deixou-se levar pela amargura da vida. Entretanto, a sua real beleza reside no recôndito do seu Ser. Basta despertar novamente para a luz. Vamos, arrume-se, penteie este cabelo, cuide dos seus dentes, coloque uma roupa bonita. Cuide de você! Cuide do seu Corpo Espiritual. Valorize a si mesma, trabalhe no seu amor-próprio. Eu tenho certeza de que posso te ajudar e estou convicta de que Madame Nancy também!

Dalila a observava sem ter argumentos para rebater, tamanha era a elevação moral que Aurora possuía.

— Estamos aqui para ajudar Maitê e ajudar você também, Dalila - ponderou Pedro. — Aceite a ajuda, dê uma chance a si mesma. É por você, não é por ninguém mais. Aqui você estará protegida, não viu como foi para entrarmos aqui? É um local seguro e ninguém vai te obrigar a nada.

Alguns minutos depois, começou o estudo proferido pela responsável pelas atividades doutrinárias daquela Tenda Espiritualista. Todos os encarnados sentaram-se em uma roda e acompanharam a explicação. O livro estudado, para a surpresa de Maitê, era *O Livro dos Médiuns*, de Allan Kardec.

CAP. 27

— Eu não sabia que vocês estudavam as obras de Allan Kardec - comentou Maitê com Débora, que estava sentada ao seu lado, ao terminar o estudo. — Você não me disse nada a respeito.

— Aqui nós estudamos, sim. Eu não te falei nada porque queria fazer uma surpresinha - Débora respondeu, com uma leve risadinha. — Eu sei que você já estudou as obras de Kardec, não é?

— Sim, já estudei a Codificação quando estava nos estudos da Mocidade no Centro Espírita. Mas depois que vi tanta coisa errada, tanto desgosto, inclusive dentro da minha própria casa, eu me afastei do Centro Espírita e dos estudos doutrinários, na verdade, de tudo que envolvia Espiritismo e Espiritualidade. Me revoltei e vivi desregradamente - lamentou Maitê.

— Amiga, não adianta chorar pelo leite derramado. Agora você está buscando de volta a sua espiritualidade e isso é o que importa. Se você vai ficar aqui, se vai voltar para o Centro Espírita, se vai para outra religião, não é relevante. O importante é se conectar - disse Débora que consolava e orientava Maitê, sendo intuída por Carmen e Liana. — A visita te fez bem?

— Sim, estou muito encantada com a organização e o acolhimento. - Maitê sorriu e abraçou a amiga. — Fazia tempo que eu não pegava em um livro espírita. Retornarei e irei continuar estudando *O Livro dos Médiuns* com vocês. Eu preciso desenvolver a minha mediunidade, e talvez seja hora de assumir a minha responsabilidade.

A aura de Maitê estava leve e brilhante, como não víamos há tempos. Ela se sentou para conversar com uma médium que estava dialogando fraternalmente. A sua fé estava se reacendendo por estar ali e isso nos felicitava o coração.

Dalila, vendo todo o trabalho e tendo conversado durante o estudo com Aurora e comigo, aceitou ajuda. Resolveu dar uma chance para si mesma e ficar na Tenda Espiritualista, sob a garantia de que estaria protegida de Magno e seus comparsas. Ela desejava pedir perdão a Maitê pelo mal que havia lhe causado, e o seu recado foi transmitido por Aurora, pela médium que estava dialogando com Maitê:

— Menina - disse a médium, sob a influência de Aurora -, você tem consciência da sua espiritualidade. É preciso trabalhar. Você é linda, é charmosa, mas não deve usar isso para o mal, nem para se envaidecer. Antes de querer que os outros te amem, te idolatrem, você tem que se amar. Não se perca nos erros da vida. Não se perca nos vícios. Os erros que cometeu foram escolhas suas.

— Eu sei... - chorava Maitê, emocionada e envergonhada por se recordar das lamentáveis posturas que tinha em relação às diversas viciações, inclusive na área sexual. — O mesmo recado já me foi dado em sonho, a senhora está repetindo as mesmas lições, praticamente.

— Não chore, menina. Sorria para o novo dia que brilha. Encante o mundo com seus belos olhos azuis. Valorize-se! Aproveite a sua estadia na Terra - comentou Aurora, por meio da médium. — Eu apenas repito o que você precisa ouvir.

— Obrigada. Muito obrigada! - Maitê levava em seu coração o carinho daquelas palavras. — Como se chama? Você que tem me ajudado? É você que aparece para mim nos sonhos?

— Meu nome não importa agora, menina - respondeu Aurora por meio da médium. — Não sou eu que apareço em seus sonhos, é uma amiga sua. Ela está aqui, muito bonita e charmosa, com um belo vestido vermelho e uma linda rosa na cabeça. Não é ela? - sorriu para mim, ao dizer gentilmente. — Está feliz em te ver bem. Assim como um outro amigo que te acompanha. Um rapaz que se veste todo de branco e é muito simpático, chamado Pedro, que está com você desde que nasceu.

— Sim, ela mesma! Ah, o Pedro! Eu também o vejo em meus sonhos, é verdade e realmente sempre o vi, desde criança. Era meu amiguinho invisível - emocionou-se e sorriu. — Depois passei a vê-lo pouco em sonhos, acho que pela baixa vibração em que estava. Mas eu irei me reconectar com a Espiritualidade. Obrigada, de coração, a todos vocês.

— Mantenha o seu autoamor e o seu equilíbrio em dia. Voltará a ter contato com ele frequentemente e com a linda mulher que também lhe acompanha. Ela lhe trará um breve recado. Mas, antes, quem te atrapalhava espiritualmente recebeu socorro nesta noite e te pede perdão. Não preciso entrar em detalhes deste caso no momento, mas agradeça a Deus por si e por este socorro prestado. - Aurora transmitiu esse pensamento para a médium, que aguardava Maitê se acalmar um pouco devido às fortes emoções que sentia, para lhe dar o recado.

Nesse intervalo de tempo, Aurora aproximou-se de mim e convidou-me a dar um breve recado de incentivo a Maitê. Aceitei de bom grado e fiquei encantada com tamanho acolhimento. Enquanto no Centro Espírita fui rechaçada e impedida de me manifestar, ali fui convidada a trabalhar pela dirigente dos trabalhos espirituais e aceita pela médium, sem quaisquer receios ou preconceitos.

— Maitê, é um prazer poder conversar novamente com você, agora, com lucidez. Que bom que está escolhendo o bom caminho, retornando às trilhas que nos levam ao Pai de Infinita Bondade. Nós sabemos das dores que carrega em seu coração, das coisas erradas que ocorreram dentro do Centro Espírita, as quais você presenciou e como isso te afetou e te magoou - explanei com ternura e amor em minhas palavras. — Sem querer colocar os holofotes sobre mim, eu mesma fui expulsa de uma reunião em que tentava te ajudar e orientá-los. Não te conto isso a fim de criar revoltas em teu coração, mas para dizer-te que não foi apenas você quem sofreu com os erros dos outros. Confesso que tal atitude me magoou muito, naquele momento. Seus pais e seus avós me consideraram uma obsessora, no entanto estou aqui para fortalecê-la. Mas sabe de uma coisa? Não me importa o que eles pensam, se você está bem e se você confia em mim, isso vale mais do que qualquer reconhecimento de terceiros. Estou junto de Pedro para te ajudar. E estarei sempre disponível para você. Pode me chamar sempre que precisar.

— Obrigada! Muito obrigada! - Maitê disse, com o coração leve. — Mas você é uma Pombagira? Qual seu nome?

Fiquei em um momento de silêncio, não sabia o que responder. Aurora aproximou-se de mim e, tocando em meus ombros, disse:

— Se quiser trabalhar conosco, será muito bem-vinda à Falange Pombagira Rosa Vermelha. Pode se apresentar assim. Independentemente de Maitê ou até mesmo você escolher ou não ficar aqui, eu, minhas meninas e os trabalhadores da nossa Tenda estaremos todos juntos de você, para ajudá-la e lhe oportunizar o trabalho, Nancy.

Respeitando a cultura daquele ambiente, enviei o pensamento para a médium, que, captando, retransmitiu na mensagem psicofônica:

— Sou a sua Pombagira, sim. Pombagira Rosa Vermelha. Pode me chamar assim.

CAP. 28

Eduardo e Tâmara não conseguiam perturbar o ambiente. A Estrutura Espiritual era forte e aonde eles iam, Ramon os acompanhava e os impedia de criar tumulto, sendo, por vezes, necessário auxílio de outros Guardiões.

— Isso daqui é uma cilada! Como que a gente sai daqui? - Eduardo esbravejou.

— Ninguém vai te obrigar a ficar. Pode sair, se desejar - respondeu Ramon, em tom firme, diante da afronta de Eduardo. — Agora, as consequências da escolha também serão suas, meu amigo. E não é nenhum tipo de ameaça, você sabe o que te espera. Enquanto isso, dá uma olhadinha ali naquele canto onde está aquela luz verde. Reconhece aquelas pessoas?

Tâmara, sem pestanejar, saiu em disparada rua afora. Eduardo olhava para uma saleta que tinha iluminação verde e muitas plantas ornamentando o ambiente, bem como poltronas brancas. Era um ambiente acolhedor. Ali estavam Carlos e Joana conversando alegremente com uma senhora muito efusiva, e também Doralice, que estava acompanhada de Alluna, já que ambas haviam aceitado o convite de Pai Abelardo. Num ímpeto, correu em direção aos amigos e ajoelhou-se em choro compulsivo.

A senhora era a avó paterna de Eduardo, que foi chamada para ir até a Tenda tentar resgatar o neto. Ao chegar e ver o plano de Pai Abelardo, que sabia que

Eduardo estaria naquela noite no ambiente, Doralice emocionou-se e ficou animada. Ambas conseguiram conversar com ele, que aceitou a ajuda. O coração de Doralice, finalmente, se acalentou. Ela, que pensava que o resgate de Eduardo poderia demorar e ser sofrido, ouviu doces palavras de Alluna acerca de ter confiança nos desígnios de Deus.

Nem mesmo os Mentores Espirituais são perfeitos e sabem lidar com todas as situações de forma crística. Doralice também cresceu e aprendeu muito tendo a missão de orientar Eduardo com a experiência vivenciada nesse caso.

Dalila foi encaminhada para uma enfermaria, a fim de receber determinados tratamentos, e também passaria a receber a visita constante de Aurora, que trabalharia para reequilibrar o seu emocional e incentivar o seu amor-próprio. Descobri que esta é uma das missões realizadas pelas chamadas Pombagiras, isto é, trabalhar na cura de nós mesmos, na valorização do nosso "eu" interior, na prática do autoamor, e, ao saber disso, encantei-me ainda mais com o trabalho de Aurora e suas meninas.

Curiosamente, por vezes eu chamava as meretrizes que comigo trabalharam no Cabaré de Madame Nancy de "*minhas meninas*". Ao ouvir a expressão por parte de Aurora, uma gostosa nostalgia me invadiu, não por saudades daquela vida desregrada, mas por recordar dos bons momentos junto de pessoas que verdadeiramente eram amigas.

Algum tempo se passou e o Centro Espírita foi alvo de uma investigação da Polícia Federal. Após denúncias, foi descoberto um escândalo de lavagem de dinheiro, estelionato religioso e charlatanismo. Adalberto foi detido e, na prisão, em virtude da mediunidade desequilibrada, começou a ter surtos considerados psicóticos e foi internado em uma clínica psiquiátrica, completamente perturbado pelos obsessores espirituais.

Maristela ficou sem chão. Recebeu amparo e consolo da filha, que, por meio da sua fé e da sua espiritualidade, auxiliou-a a vencer a depressão que se instalou. O preconceito que Maristela tinha com a Espiritualidade havia desaparecido por meio da dor. Ela reconheceu seus erros, suas falas equivocadas e que estava sob obsessão, entendendo-se também responsável pela ruína do Centro Espírita. Chegou a visitar algumas vezes a Tenda Espiritualista com Maitê, que se tornou frequentadora assídua e estava realizando seu desenvolvimento mediúnico.

Maristela também realizava Tratamento Espiritual a distância em um Centro Espírita do interior do Estado. Sentia-se envergonhada de ir a qualquer Centro Espírita em sua cidade e até de andar pelas ruas. Passou a estudar em casa, sozinha ou na companhia de seus pais e de Maitê, que retornou aos estudos dos livros espíritas, tanto em âmbito familiar, quanto na Tenda.

— Mãezinha, tem alguém aqui querendo falar com a senhora - Maitê comentou após o estudo de *O Livro dos Espíritos*, realizado na sala de estar.

— Pode deixar, filha. Quem é? - perguntou Maristela.

— Eu não preciso me identificar. - Mediunizada, Maitê transmitiu o meu recado. — Quero lhe dizer que estamos com você. Volte a viver. Cuide de si, da sua família, faça a Caridade. Lamentar os equívocos do passado não solucionará o que foi feito. Recomece e dê a si mesma uma chance. O nosso Pai Criador lhe oportuniza oportunidade de crescimento. Ame-se e ame ao próximo.

— Obrigada. Suas palavras são muito bonitas. Eu irei refletir e tentar. - Maristela silenciou por um momento. — Você é a amiga que acompanha minha filha, não é? O seu jeito de falar é parecido com o que ela me conta. É a Pombagira Rosa Vermelha?

— Eu posso ser muitas. Alguns me chamam de Espanhola. Outros de Dama de Vermelho. Posso também ser chamada de Pombagira Rosa Vermelha. Por que não? - respondi, educadamente.

— Entendo. Você está certa. Peço desculpas por quando não te tratei bem e não permiti que você se manifestasse no Centro Espírita, quando tentou nos alertar. Obrigada por conseguir ajudar minha filha e por colaborar com a nossa família. Hoje reconheço que você sempre esteve certa e eu estava errada.

As desculpas de Maristela eram sinceras. Ao meu lado, acompanhando aquele momento, Pai Abelardo comentou:

— Tá vendo, *fia*, tudo se ajeita. Tudo no tempo de Deus.

Reuni-me em uma confraternização com Shaiany, Pai Abelardo, Alluna, Carmen, Tupinambá e Saiorai.

— Parabéns a vocês. Apesar dos tropeços do caminho, em virtude do desequilíbrio dos tutelados, todos foram resgatados e estão bem - comentou Shaiany. — O trabalho foi denso. Resgatar Espíritos dos poderes do Astral Inferior não é tarefa simples e vocês a cumpriram com maestria. Estamos muito orgulhosos de vocês, que, em momento algum, após terem iniciado as atividades, desanimaram ou pensaram em desistir.

— *Ocês* cumpriram muito bem mesmo, parabéns! - Pai Abelardo comentou por sua vez. — O nosso coração fica quentinho quando temos a consciência do dever cumprido, *num* é?

— Nós que agradecemos, é uma honra servir ao trabalho do bem. Podem contar comigo sempre! - respondeu Tupinambá de forma assertiva, como sempre fazia.

— Comigo também, acho que com todos nós! - Alluna comentou olhando ao redor, e recebendo a concordância geral. – Acredito que Carlos, Joana, Eduardo e Dalila ainda precisarão fazer alguns tratamentos para se reequilibrarem completamente e, quando tiverem oportunidade, irão fazer cursos e futuramente planejar a reencarnação, com a finalidade de cumprir o que não cumpriram nesta existência, passando por algumas experiências necessárias à evolução. Mas, até lá, estaremos aqui, ajudando a cada um deles!

– É isso mesmo, minha *fia*. Está certinha. - Pai Abelardo deu uma risadinha gostosa - E quanto a Maitê e Débora, nossas amigas Nancy e Carmen continuarão ajudando no que precisar, colaborando para seguirem trilhando o caminho do nosso Senhor Jesus Cristo, aproveitando a reencarnação da melhor forma.

Conversávamos alegremente no bosque onde nos encontrávamos. O céu estava para anoitecer, com um tom alaranjado escuro, e as luzes que iluminavam a Colônia acenderam-se automaticamente. Um som começou a tocar, vindo de um palco que estava montado à beira de um lago. Teria início ali um *show* musical de uma formosa cantora que teve fama internacional, ao lado de uma cantora brasileira que encantou gerações. O dueto, inimaginável no plano dos encarnados, fazia nossos olhos brilharem e encantava nossos ouvidos. As músicas cantadas tinham letras belíssimas e melodias maravilhosas.

Assim, finalizo esta nova história. Que as lições trazidas possam tocar o coração de todos. Não julguemos a fim de não sermos julgados, ensinou o Mestre Jesus. Acolhamos e respeitemos a todos os nossos irmãos, sejam eles da nossa crença ou de outras vertentes. Se não houver crenças, respeitemos também. Cada um está no seu tempo. Que com esta obra, os encarnados compreendam que a Espiritualidade não defende nem atua em Templos ou religiões específicas, muito menos se importa com aparências ou nomes dos Espíritos. Chegará o dia em que todos despertarão para essa realidade. Façamos cada um de nós a nossa parte. Enquanto isso, sigo trabalhando no Plano Espiritual. Sigo sendo Madame Nancy, *la española*. Sigo sendo a Dama de Vermelho. Sigo sendo a Pombagira Rosa Vermelha. E seguirei sendo tantas outras que forem necessárias para atuar em benefício do Amor e da Caridade.

FIM

Conheça a trajetória de
MADAME
NANCY
a espanhola

MADAME NANCY

A ESPANHOLA

Murilo Viana

pelo Espírito Nancy

Romance • 13x20 cm • 197 pp

ISBN: 9786588535455

Aacompanhe a trajetória de Nancy e Daniel, duas almas afins que viveram um grande e intenso amor em suas vidas passadas, mas que reencarnaram sem terem a oportunidade de reviverem este grande amor, mas que ao reencontrarem-se tornaram-se grandes amigos, haja vista a Divina Misericórdia os ter reunido para que ambos se ajudassem, demonstrando que o verdadeiro amor é livre, supera os desejos da carne e as barreiras da morte.

Durante a narrativa verificaremos como o amor pode nos autotransformar e que todos somos abençoados por Deus, tendo chances de recomeçar e evoluir, tanto neste quanto no outro plano da vida.

Entenderemos como todos os personagens se interligam se conectam uns com os outros pelos laços da Eternidade e que nunca aqueles que amamos ficam longe de nós.

Nesta obra psicografada por Murilo Viana e ditada pelo Espírito Nancy também serão abordados temas acerca das relações familiares e de amor e ódio, que unem a todos nós, planejamento reencarnatório, influência dos Espíritos em nossas vidas e muitos outros assuntos espíritas de forma intensa e encantadora.

VOCÊ PRECISA CONHECER

DAS TREVAS À LUZ

Priscila Gonçalves

Romance • 16x23 cm • 144 pp

Em janeiro de 2018, um crime chocante tomou o cenário nacional e mostrou a todos o que o preconceito é capaz de fazer a duas vidas inocentes que só queriam se amar.
Duas famílias foram destruídas, e, enquanto isso, no Plano Espiritual, acontecimentos extraordinários se desdobravam para a resolução de tramas complexas envolvendo várias almas e suas dívidas com a Espiritualidade Maior.

ISBN: 9786588535738

UMA VEZ MAIS: O VERDADEIRO AMOR ESPERA

Keity Jeruska
pelo Espírito Ramis

Romance • 16x23 cm • 200 pp

A história de um casal envolvido em profundos laços de amor que, por diversas vezes, dividiu o mesmo espaço e o mesmo tempo, sem conseguir caminhar juntos. Os desafios vivenciados pelos personagens, nas três reencarnações narradas no livro, elucidam a necessidade da perseverança, do autoconhecimento, da humildade e da fé inabalável em Deus e na Espiritualidade Maior que tudo sabem, mas a nada nos obrigam, para que possamos evoluir ao lado daqueles que amamos, dividindo com eles, por meio da humildade, do perdão e da persistência, os nossos aprendizados.

ISBN: 9786588535691